ARNAUD VAULERIN

LA DÉSOLATION

Les humains jetables de Fukushima

BERNARD GRASSET
PARIS

A mon père

« Nous montâmes tant, lui devant, moi derrière,
que par un rond pertuis j'aperçus à la fin
tous les jolis objets que supporte le Ciel,
et nous pûmes sortir et revoir les étoiles. »

Dante Alighieri,
La Divine Comédie, L'Enfer, Chant XXXIV.

« On devrait, par exemple, être capable de voir que
les choses sont sans espoir et pourtant déterminé
à les changer. »

Francis Scott Fitzgerald, *La Fêlure.*

Le 11 mars 2011 à 14 h 46 (heure de Tokyo), un séisme de magnitude 9 s'est produit au large des côtes nord-est du Honshu, la plus grande des îles de l'archipel japonais. Son épicentre a été localisé à 130 kilomètres à l'est de la ville de Sendai et à 30 kilomètres de profondeur. Ce tremblement de terre considérable a généré un puissant tsunami qui s'est abattu sur 500 kilomètres de côte, atteignant par endroits près de 30 mètres de hauteur.

Bâtie sur les communes d'Okuma et Futaba, la centrale de Fukushima-daiichi a été frappée à 15 h 27 par une première vague qui est passée par-dessus la digue du port. Installées en bordure du Pacifique, les installations ont ensuite été ébranlées par plusieurs lames de fond s'élevant à 15 mètres au-dessus du niveau de la mer.

La secousse a provoqué l'arrêt automatique des réacteurs 1, 2 et 3 en service. Puis le tsunami a privé la centrale d'une alimentation électrique, les groupes électrogènes se trouvant dans les sous-sols inondés. Cette coupure a stoppé les systèmes de refroidissement des unités et des piscines de désactivation où sont entreposées les barres de combustible usagé. Elle va produire des réactions en cascade.

A 15 h 42, Tokyo Electric Power Company (Tepco), qui gère la centrale, informe le gouvernement qu'un « événement spécial » est intervenu dans son site du Tohoku. A 19 h 03, le Premier ministre de l'époque, Naoto Kan, décrète l'état d'urgence nucléaire. Un peu plus tard, il ordonne l'évacuation des populations dans un rayon de 2 kilomètres autour de la centrale, qui sera étendu, le lendemain, à 20 kilomètres. Une mise à l'abri volontaire est même établie jusqu'à 30 kilomètres autour du site ravagé. 160 000 personnes quittent leur domicile, certains ne reviendront jamais.

Le scénario catastrophe d'une fusion des cœurs prend corps. Fukushima-daiichi est équipée de six réacteurs à eau bouillante (REB) qui fonctionnent avec un seul circuit eau-vapeur. La chaleur dégagée par la fission fait bouillir l'eau qui baigne les gaines de combustible au cœur du réacteur. Cette vapeur fait ensuite tourner les turbines qui produisent l'électricité, avant d'être condensée au contact d'une source d'eau froide et réexpédiée vers le cœur. Privées d'électricité après le tsunami, les unités 1, 2 et 3 ne sont plus refroidies. L'eau qui se vaporise dans la cuve laisse à découvert le combustible qui s'échauffe. Les gaines de zirconium entourant les barres d'uranium se dégradent rapidement et atteignent des températures de 2 300 °C. Le combustible fond et se mélange aux matériaux de structure, formant le corium. Ce magma extrêmement chaud et très radioactif perce la cuve enfermant le cœur du réacteur et s'écoule dans l'enceinte de confinement.

A partir du 12 mars, Fukushima-daiichi est secouée par une série d'explosions. Causées par l'hydrogène provenant de la dégradation des gaines des combustibles, elles n'occasionnent pas la destruction des réacteurs comme à Tchernobyl en 1986. La première intervient à 15 h 36, détruisant la partie haute du bâtiment de l'unité 1. La deuxième a lieu deux jours plus tard, à 11 h 01, soufflant le toit de l'unité 3. Le 15 mars à 6 h 10, une troisième déflagration se produit à l'intérieur du réacteur 2, puis une quatrième le même jour, à 9 h 38, au niveau de l'unité 4.

Ces explosions provoquent des rejets radioactifs massifs dans l'atmosphère. Dans le même temps, les travailleurs de la centrale, les militaires et les personnels de la sécurité civile japonaise procèdent à l'arrosage d'eau de mer pour refroidir les réacteurs et les piscines et éviter la contamination d'une large partie du territoire japonais. Cette aspersion de fortune qui va durer près d'un mois occasionne une pollution radioactive de l'océan Pacifique.

Pendant ces jours-là, les sauveteurs de Fukushima risquent de fortes irradiations. Le 15 mars, on relève 400 millisieverts aux abords de l'unité 3. Avec cette mesure, qui permet d'établir la dose de radiation absorbée par les tissus humains, les sauveteurs savent à quoi sans tenir : à partir de 100 millisieverts, la probabilité de développer un cancer s'accroît significativement. En cas d'exposition intense, on constate des brûlures de la peau, une destruction du système nerveux et des cellules de la moelle osseuse, des vomissements, de la fièvre, des œdèmes et des hémorragies pouvant causer une mort rapide.

A partir de la fin du mois de mars, les unités sont à nouveau raccordées au réseau électrique. En juillet, le système de refroidissement refonctionne en circuit fermé, même s'il continue de fuir. En décembre, les autorités décrètent l'arrêt à froid, ce qui signifie que les eaux de refroidissement ne se vaporisent plus et restent liquides sous les 100 °C. Les ouvriers sont alors revenus en masse pour sécuriser le site et entamer un très long chantier.

Les réacteurs doivent toujours être refroidis. On sait peu de chose sur leur état actuel, tout comme sur la position précise du corium qui ronge les installations de Tepco sur le rivage du Pacifique. En partie inondée et exposée aux intempéries, la centrale reste instable. Depuis mars 2011, plus de 45 200 travailleurs sont intervenus à la centrale. Des milliers d'autres viendront pour aider au démantèlement de Fukushima-daiichi qui doit s'étaler au moins jusqu'en 2040.

AVANT-PROPOS

Le temps des sauveteurs est fini. C'est maintenant au tour des nettoyeurs, des décontaminateurs. Ils sont sans visage ni parole. Ils ne parlent pas, ne se montrent pas, n'existent pas. Depuis des semaines, avec l'ami et interprète Ryusuke, je cherche à rencontrer ces anonymes pour raconter leur vie avec « l'ennemi invisible » au cœur d'une région fantôme qui se dérobe et m'attire. L'été 2013 s'achève. Toute l'année a été émaillée de fuites, d'accidents, de pannes et d'avaries en série à la centrale de Fukushima-daiichi, propriété de l'opérateur Tokyo Electric Power Company (Tepco). J'ai suivi la succession des incidents en finissant par perdre le fil de la chronique d'un démantèlement chaotique. Mais je n'ai jamais perdu de vue le fait que cette histoire n'était pas exclusivement japonaise.

« La situation est sous contrôle », assure pourtant le Premier ministre Shinzo Abe. Juste avant que le Comité olympique ne choisisse Tokyo pour accueillir les JO de 2020, le VRP-chef de gouvernement a débarqué avec sa caravane, début septembre, à Buenos Aires, pour vendre la candidature nippone sur le mode confiance et persévérance. « Aujourd'hui, sous le ciel bleu de Fukushima, il y a des petits garçons qui jouent au football et regardent l'avenir et pas le passé », ajoute-t-il lyrique, en s'inspirant du slogan officiel de Tokyo 2020 : « Découvrir demain. »

Demain, l'avenir, mais rien ou presque sur le présent. Pas un mot sur ces ouvriers qui, chaque jour, réalisent des petits miracles sur le plus grand chantier du pays. Non, il faut dédramatiser et ramener la reconstruction et le démantèlement à un simple problème technique, si peu humain. Les autorités japonaises sont pressées d'en finir avec Fukushima qui a fait voler le mythe de la sécurité et de l'atome radieux sur lequel le Japon avait fondé sa reconstruction. Il est étonnant de constater comment ce pays pourtant rompu aux temps longs s'active pour expédier cette mission interminable.

Je savais que des milliers d'hommes bataillaient depuis des mois pour sécuriser le *Titanic* atomique du Tohoku. En décembre 2011, une étape importante avait été franchie. Des réacteurs avaient atteint un « niveau de fermeture à froid » en passant sous la barre des 100 °C et un plus grand contrôle des émissions radioactives avait été mis en place. Mais deux ans plus tard, la centrale prend l'eau de toutes parts, ne cesse de fuir. Il faut agir vite, pomper, canaliser, stocker. Des milliers de bras sont nécessaires pour garder à flot le site ravagé depuis mars 2011. Les hommes se relayent au chevet de la centrale. Ils sont toujours plus nombreux pour ces servitudes nucléaires à répétition.

Ce travail va s'étaler jusqu'en 2040 au moins, et cette perspective ne cesse de m'interroger. Car ces ouvriers ne vont rien fabriquer, produire, construire, édifier. Non, ils vont défaire, détruire, débarrasser. Une vie de labeur en déduction, débit et défaut les attend. Travailler en négatif pendant des décennies, cette réalité tutoie l'absurde et le déprimant. Terrible quotidien, a fortiori quand il est ancré dans son propre village, devenu un territoire sauvage, un no man's land, une vaste jachère nucléaire. Quel choix s'offre à celui qui est d'ici ? Partir ou rester ? Tenter le sauvetage ou le sabordage ?

Cette terre sylvestre du Tohoku est devenue le lieu du désordre et du pollué, de l'abandonné et de l'anormal, où s'affairent des bataillons de manœuvres relégués et de plus en plus oubliés à mesure que le temps passe. Une fois le péril éloigné, le reste du Japon a vite fait de détourner les yeux d'une région à laquelle, avant la catastrophe déjà, il ne prêtait guère attention. Peu industrialisée, hérissée de monts et de collines, parcourue de plaines et de rivages, cette contrée est absente des radars touristiques, des curiosités technologiques ou des préoccupations stratégiques. En dehors des cercles militants et des réseaux sociaux qui véhiculent le meilleur comme le pire en termes d'information, on ne parle plus beaucoup de Fukushima, « ce désastre créé par l'homme », comme l'a formulé sans détour

Kiyoshi Kurokawa, président de la commission d'enquête parlementaire. Un matin, je rentre d'une visite à la centrale quand je croise à Kyoto une amie et jeune mère de famille japonaise. «Ah oui, tiens, qu'est-ce qui se passe en ce moment là-bas ? C'est calme ?» demande-t-elle, plus par politesse que par réelle curiosité. Quelques jours plus tôt, deux ouvriers avaient trouvé la mort sur le chantier. La nouvelle n'avait pas fait grand bruit. Tout comme celle d'un nouveau décès en août 2015. Et, quelques mois plus tard, la première reconnaissance par l'Etat japonais d'un lien entre la leucémie d'un travailleur et son exposition aux radiations à la centrale ne fera pas la une des journaux. Après la catastrophe, le pire à craindre est l'indifférence involontaire, la relégation oublieuse.

Je n'aime plus les villes comme avant. Ce sont les lointaines périphéries, les espaces sauvages et ouverts qui m'appellent, là où la végétation surgit, s'immisce, s'impose. Je suis né dans une boucle de la vallée de la Loire, à l'orée des villes, du fleuve et des forêts. Enfant, je vivais à une soixantaine de kilomètres de la centrale nucléaire de Chinon. A l'école, on nous disait que l'on n'avait rien à craindre de ces installations. Pourquoi une telle précaution ? «Les bâtiments des réacteurs peuvent résister au crash d'un avion», nous assurait-on alors. Sans m'interroger sur l'étrangeté de la précision formulée bien avant le 11 septembre 2001 et l'écroulement des tours du World Trade Center, je n'ai jamais remis en cause une telle affirmation. Pour être honnête, je l'avais même oubliée, jusqu'à ce qu'elle resurgisse de ma mémoire lors d'un de mes reportages dans le Tohoku.

J'avais visité la région de Fukushima et de Sendai en 2009, longé les rizières irisées, les rivages du Pacifique, emprunté des chemins tracés au cordeau, à l'aplomb des collines, à l'ombre des futaies de bambous. La nature semblait tolérer l'activité humaine à côté d'espaces touffus et abandonnés. Je me souviens des brasseries de saké dans le froid piquant de février et des austères et élégantes fermes de bois produisant un miso dense et rouge, aux effluves épicés. Une partie de ce monde a été engloutie dans l'après-midi du 11 mars 2011.

Je me suis installé au Japon en septembre 2012. Quelques mois plus tard, je me suis rendu à Rikuzentakata, Ofunato et Kesennuma, sur cette côte du Tohoku non pas contaminée par les radiations, mais fracassée par les lames de fond et parfois hantée par les milliers de disparus emportés par la vague. Je n'avais pas encore eu l'occasion de revenir dans la région de Fukushima et de Sendai. Je voulais maintenant m'y arrêter, mais peu de choix s'offraient à moi. Il ne m'était guère possible, hélas, de me glisser dans la peau d'un ouvrier et de signer pour une mission d'intérim à la centrale. Mon statut de journaliste mentionné sur ma carte de résident, ma méconnaissance du japonais et ma nationalité, sinon ma tête d'étranger souvent mal rasé, me fermaient la porte d'entrée à Fukushima-daiichi.

La désolation

Alors, un matin, j'ai jeté une bouteille à la mer, quitté Kyoto et Tokyo et pris un train à travers la plaine. Habité par des souvenirs, pétri de doutes et de questions, je me suis retrouvé sur un parking goudronné d'une nationale déserte et ensoleillée.

Tokyo, septembre 2013 – Kyoto, novembre 2015.

1.

Vers l'anormalité

La première fois, je cherche la mer. Un réflexe. Croyant longer la côte, je regarde par la fenêtre du wagon, en quête du rivage, comme il m'arrive de le faire parfois entre Bordeaux et Nantes. Dans une dernière et lente glissade freinée le long du quai, le train s'immobilise après une infime secousse. Gare d'Iwaki, préfecture de Fukushima. Le Super Hitachi Limited express vient d'atteindre son terminus. Ce n'est déjà plus le petit matin. La gare d'Ueno est loin. Tokyo appartient à un autre Japon qui détourne ses yeux de cette plaine rizicole et de ses collines boisées ouvertes aux brises marines. Toutes les capitales semblent aux antipodes de leur périphérie. Ici, c'est saisissant. Dans ces confins du Nord-Est (Tohoku), Tokyo apparaît comme une lointaine île de modernité technologique, un condensé urbain et administratif qui ne connaît jamais la nuit.

Je rassemble mes affaires et quitte le wagon où flottent des odeurs de tabac et de café froid. Le quai est presque désert. En le remontant, je me souviens de la phrase énigmatique qu'une survivante du tsunami à Rikuzentakata m'avait confiée dans son abri de fortune après le 11 mars 2011. « Le tsunami qui est venu, ce n'était pas la mer, non, car la vague était noire et sale. Elle a tout détruit, rien laissé. » En engloutissant des kilomètres de côte, elle a frappé la centrale de Fukushima-daiichi à 15 h 27 ce jour-là. Tout a commencé à cet instant et tout me ramène à ce moment, à cet océan qui fut si peu pacifique.

Il sommeille à une poignée de kilomètres, au-delà des avenues rectilignes d'un centre-ville fonctionnel et endormi. On part à sa rencontre. On quitte la gare en s'élevant par un escalator qui mène à une plate-forme venteuse et carrelée, tout en verre et tubulures chromées. Elle chevauche les voies et surplombe une place quadrillée par les taxis et les bus. On se croit arrivé mais le voyage commence. La Toyota Yaris attend au pied des escaliers. Feu vert, vitesse enclenchée. On passe devant le *koban* (commissariat) du quartier de la gare. Ensuite, il faut bien prendre une route. Ce sera cette longue ligne de fuite qui s'élance entre les tours d'hôtels et la voie ferrée. Elle bifurque à angle droit, se dérobe à gauche, enjambe la rivière Natsui avec ses berges en herbe désertes, longe un parking, des pavillons résidentiels, un monde assoupi dans un Archipel vieillissant. Puis elle coupe une colline verte aux talus évasés et boisés en hauteur. Un dernier virage à gauche, une passerelle, et la route s'ouvre en double voie. Elle ne sera plus maintenant qu'un large tapis goudronné qui s'échappe vers le nord, tendu vers la zone contaminée et l'interdit. On s'engage sur la Rikuzentakata Highway, la route nationale 6. De part et d'autre de cette balafre de bitume, la ville a reculé sans que la nature reprenne vraiment ses droits.

La nationale 6 dessert une curieuse périphérie qui a tout d'une excroissance urbaine à la campagne. Le paysage s'horizontalise et s'étend dans un patchwork où l'œil peine à se poser. La route devient une veine irriguant un petit monde artisanal et industriel en sursis. Des concessionnaires Honda, Lexus et Nissan voisinent avec des établissements clinquants de *patchinko*, les machines à sous. Ils s'appellent Maruhan, N-1 et s'alignent dans le prolongement de stations-service bombardées de décibels et de lumières vives. En arrière, quelques maisons familiales imposantes, des petites résidences bordurées par des jardins peu entretenus et Le Napoléon, un restaurant à la façade décatie et au rideau tiré depuis belle lurette. L'empereur ne fait plus recette ici non plus. Puis, après un feu tricolore, d'immenses bras jaunes, des griffes rouges et des mains géantes jaillissent d'une clôture grillagée. Des dizaines de grues, de pelleteuses et de bulldozers siglés Komatsu sont ainsi alignés derrière un portail, prêts au départ pour la reconstruction.

Cette lisière d'Iwaki a gardé des traces de son passé rural. Comme des parenthèses de végétation, des rizières et quelques champs émergent en bordure de route, cernés par le monde de la boutique et des PME. Plus loin, un vaste et vieux cimetière arboré avec ses stèles en bois qui oscillent au vent a résisté à la gangrène commerciale. Ses alignements ordonnés cassent la monotonie des surfaces commerciales et des entrepôts. Insaisissable banlieue laide où l'on croise encore une réplique en miniature de la statue de la Liberté et un bouddha rieur sur le talus de la route. A longueur de journée, dans leurs solitudes figées, ils voient passer des norias de bus chargés d'ouvriers et de camions de chantier entre lesquels se glissent des estafettes qui, à chaque passage, fouettent les herbes folles sur le bas-côté.

Premiers convois d'hommes seuls et parfois masqués, première apparition du code 1F sur le pare-brise d'autocars bondés. 1F pour *Ichi efu*, le surnom de la centrale de Fukushima-daiichi en japonais. Voilà, on pénètre sur le territoire de Fukushima, comme ça, par petites touches et légers glissements vers l'anormalité. Le site accidenté est à une trentaine de kilomètres d'ici. Sur le bord de la nationale 6, passé la bibliothèque du village de Yotsukura, des maisons neuves jouxtent des étendues arasées par la vague noire du 11 mars. L'océan est juste là, derrière ce bosquet de pins courbés. Mer d'huile, endormie au bout des jetées de béton. La furie des flots reste un souvenir pas si lointain. On continue à reconstruire et à en effacer les traces. Un marché aux poissons flambant neuf est posé sur le port. Il est vide et éteint. L'hôtel spa installé dans le prolongement ne semble guère plus animé. C'est le parking du « centre d'entraînement au nettoyage » qui fait le plein. Car toute la région décontamine et traque les radiations.

Sur le chemin, je repense aux mots inquiets de Kenzaburô Oé rencontré deux jours plus tôt dans sa maison de l'ouest de Tokyo. Le dos tourné à une baie vitrée donnant sur un jardin touffu et trempé par les pluies d'automne, l'écrivain revisite les derniers mois qui ont à nouveau chamboulé son «Japon ambigu», selon l'expression employée lors de son discours de réception du Nobel de littérature en 1994. «Il ne faut pas oublier la "morale de l'essentiel" d'après l'expression de Milan Kundera, et laisser aux suivants, aux descendants, une terre vivable.»

C'est «l'enfant de la forêt» qui s'exprime. Natif du Shikoku, l'île du sud du Japon, Kenzaburô Oé est issu d'une famille de forestiers. Cet après-midi-là, il évoque sa forêt. «Quand j'étais enfant, il n'y avait pas beaucoup de livres. Les enseignants nous les prêtaient. J'ai toujours eu le sentiment que c'étaient leurs livres, leurs objets, pas les miens. S'il y avait leur culture, il y avait donc la possibilité d'une autre culture, la mienne, celle de la forêt.» Oé s'est alors construit dans cet univers-concept. «Je me sens comme quelqu'un de la périphérie, qui est en opposition avec le centre (...). Avant, le centre, c'était Kyoto, aujourd'hui, c'est Tokyo avec l'empereur. Dès le début de ma vie, j'avais l'idée d'être en opposition à Kyoto, à Tokyo. Et en opposition à Kyoto, Tokyo, il y a la forêt. J'ai toujours eu envie de vivre dans cette périphérie.» Les forêts du Shikoku d'Oé sont bien loin du Tohoku de Fukushima, mais je ne peux pas m'empêcher de faire un rapprochement, d'y voir un signe, un héritage commun, sinon un destin. Ici, à 250 kilomètres de Tokyo, la périphérie est rurale et océane. La centrale de Fukushima-daiichi a été bâtie loin du centre, du pouvoir de la capitale qui bénéficiait de l'électricité produite par 1F. Aujourd'hui, cette région de rizières, de bois et rivages reste une terre de relégation dans un Japon qui se dépeuple.

On quitte à présent la plaine. Les collines viennent mourir dans la mer. Un *tori* aux pieds immergés dans le Pacifique marque l'entrée du temple shintoïste Hattachi Yakushi perché sur un piton rocheux. La route passe en contrebas, s'enfonce dans des tunnels, surplombe des petites criques aux eaux vertes. J'ouvre la fenêtre et je suis étonné de ne rien sentir dans l'air qui s'engouffre dans l'habitacle. Où est cette odeur d'iode, cette humidité saline des bords de mer ? C'est à croire que tout est aseptisé. Le bitume épouse la côte découpée et escarpée qui mène à une vaste plage de sable sombre. Elle est couverte de tétrapodes de béton entassés en pyramide pour empêcher le littoral de se dérober dans l'océan. Dans son grand œuvre de bétonnage du littoral qui ne connaît jamais la crise, le Japon s'est également lancé dans la construction d'une digue pour parer aux vagues et protéger les maisons bâties à quelques dizaines de mètres de l'océan. Les plages deviennent invisibles depuis la route. La côte s'apparente à un monde clos. Se protéger de la mer et tenter de la stopper, curieux défi sur cette côte si souvent soumise aux tsunamis. Surtout de la part d'un peuple pour lequel les mers sont des compagnes, des nourrices.

En longeant la ligne de chemin de fer Joban, la nationale 6 s'étire vers le nord. Voici les villages de Hisanohama, puis Suetsugi et enfin Hirono avec les hautes cheminées de la centrale thermique qui crachotent de la fumée. Shun Kirishima, un collègue japonais, m'a conseillé de m'arrêter dans ce bourg pour rencontrer des ouvriers de la centrale. « Ils viennent se ravitailler dans les *konbini* (supérettes) et filent à J-Village d'où ils partent et reviennent de Fukushima-daiichi. » En arrivant à Hirono, un littoral plat, sans maisons, à part deux majestueuses *machiya* de bois et de pierre qui ont résisté à la violence des flots. Le reste a été balayé. Sur un champ aplani et entouré de barrières orange, des centaines de sacs de chantier entassés et bouclés. Ils renferment des débris radioactifs prélevés dans la commune, plutôt épargnée par les retombées très radioactives. Sans radex (compteur Geiger) pour mesurer les rayonnements, je ne m'inquiète pas en constatant que des ouvriers et de rares habitants passent sans protection devant les cargaisons. Enveloppés, les déchets sont invisibles et sans odeur.

Je cherchais la mer, elle est devant mes yeux dans toute son immensité horizontale, mais je vais vite me rendre compte que c'est l'invisible qui s'impose.

2.

Un adolescent qui a grandi trop vite

Cet après-midi-là, il est arrivé seul. Seul quand tous les autres débarquaient en bande ou en duo. Au volant de son mini-van Hijet, il a mis son clignotant, tourné à droite, quitté la nationale 6 pour s'engager sur le parking. Avant même d'avoir rejoint son emplacement, il a coupé le contact. La camionnette blanche a glissé en contrebas pour se ranger sans bruit devant la vitrine du Family Mart, l'un des deux *konbini* installés sur le cordon de bitume qui s'étire dans le village de Hirono.

Assis derrière son volant, S. Shota a pris son temps pour finir sa cigarette, puis il a calmement remonté sa vitre, ajusté son bandana sur la tête et quitté son véhicule pour rejoindre l'intérieur climatisé du Family Mart. S. Shota n'est pas pressé. Il est un peu plus de 2 heures ce vendredi de septembre. Il vient de finir sa journée à la centrale de Fukushima-daiichi située à 24 kilomètres au nord. Demain il ne reprend qu'à 10 heures. Dans le ciel azur de cette fin d'été ensoleillée, des nuages d'un blanc vaporeux s'étirent en altitude. Les haies sur les bas-côtés de la nationale 6 et les herbes folles aux alentours

29

ondulent dans un souffle d'air chaud. Tout à l'heure, la fraîcheur viendra du large.

Maintenant, une torpeur envahit le parking du *konbini*. Sur cette étendue de goudron zébrée de bandes blanches, un étrange ballet s'improvise sous un soleil zénithal. On ne croise que des cohortes d'hommes de tous âges. Comme dans tout Hirono, ce village de travailleurs embauchés à la centrale ou sur d'immenses chantiers de décontamination et de manœuvres recrutés pour reconstruire ce que la vague noire du tsunami a englouti le 11 mars 2011. Harassés et poussiéreux, cassés et assoiffés, ils viennent faire le plein de soda, thé vert, *bentô* et cigarettes. En combinaison, bottes ou baskets, ils débarquent à plusieurs dans des fourgonnettes et des berlines d'occasion. Les yeux parfois hagards, la parole toujours rare. Ils sont pressés de manger, de se reposer, de s'évader. Clope au bec et tête appuyée contre la vitre, un chauffeur s'est endormi le moteur allumé, la climatisation en marche. Ses collègues s'attardent pour faire les courses.

Dans son sommeil volé, il ne voit pas arriver un break Toyota d'où jaillissent cinq colosses tatoués, sur fond de rap japonais. Ceux-là, on ne les stoppe pas dans leur marche. Comme une meute muette, des biceps plein les manches, ils s'engouffrent dans le *konbini* et croisent un quinqua sec au visage creusé par les rides qui emmène vers la sortie ses trois jeunes employés. L'un d'eux accepte de répondre à mes questions, mais le patron coupe court à son envie avec un « Dépêchons-nous » ferme et sans appel. Les portes claquent, ils repartent. Dans ce chassé-croisé de silencieux et d'affairés, trois employés de mairie aux tenues immaculées, aux mains fines et soignées, sirotent un café devant la vitrine. Ils m'ont repéré et me jaugent avant de m'oublier. Qu'est-ce qu'un *gaijin*, un étranger, vient faire ici ? Cette question tourne en boucle dans ma tête et je ne suis pas loin de penser que la réponse est « rien ». Sobres costumes noirs et fines chaussures pointues, deux cadres d'une entreprise de construction finissent un sandwich en chuchotant à l'ombre. Pour eux, le *gaijin* n'existe pas. Il est invisible. Le Family Mart ne désemplit pas. A l'intérieur, devant le rayon des magazines, S. Shota parcourt un manga.

Les colosses tatoués ressortent de la supérette les bras chargés d'aliments sous cellophane, de bouteilles et de cigarettes et se jettent sur les banquettes crasseuses du Toyota. Ils avalent leurs boules de riz avec des rasades de Coca et de thé vert. Ils dévorent en silence, les yeux perdus, le corps à l'arrêt. Le parking de la supérette est un sas. Il a des allures de camp de base, de station de survie ou d'arrivée de marathon quand les coureurs soufflent, s'étirent, se ravitaillent, se relâchent et oublient l'avant et l'effort. Mais ce labeur est un drôle de sport. Ici, pas d'exploit, pas de joie, pas de récompense. Là, tout de suite, dans cet arrière-front de campagne, seul compte le repos, synonyme d'abandon passager et d'évasion nécessaire. Bientôt, les premières bouffées de cigarettes s'envolent en panache par les vitres ouvertes du Toyota. Des doutes m'assaillent sur la pertinence d'un tel arrêt en zone sauvage et silencieuse.

Arrive un petit homme en combinaison verte, les traits tirés et le cheveu dru. Pour lui, c'est l'heure de la pause-café. Le sourire qu'il arbore est-il l'expression d'un réel plaisir ou un masque pour dissimuler une timidité et un malaise diffus d'être vu avec un étranger sur ce parking ? Posté devant un camion qui transporte des bâches, des sacs et des outils, il regarde autour de lui, inquiet. Puis il se retourne avant de se rapprocher pour parler plus bas. L'envie de communiquer est plus forte que la crainte d'être remarqué. Depuis juillet, il travaille dans une petite entreprise de décontamination de la région dont il tait le nom. Dans un rayon de 25 à 30 kilomètres autour de la centrale, il a charrié des tonnes de sable, de feuilles et de branches, raclé la terre sur plusieurs centimètres pour l'entreposer dans des sacs plastique qui se sont entassés par milliers. « Oui, c'est fatigant ce travail. Par n'importe quel temps, on est dehors de 7 heures à 16 heures, ça ne finit jamais. » Hormis sa tenue, de simples gants et ses hautes bottes vertes, il intervient sans protection particulière et ne semble pas étonné de n'être pas plus protégé. Comme si le danger n'était qu'à Fukuhisma-daiichi et pas dans les villages et forêts environnants pourtant arrosés par les rejets radioactifs. C'est idiot, mais depuis que je suis arrivé sur ce parking, je veille à ne pas poser mes mains et mon sac à dos sur les murs du *konbini*, sur le sol goudronné, voulant éviter à tout prix une improbable contamination. J'ai oublié que Hirono et ce tronçon de la nationale 6 ont été nettoyés. Le petit homme l'a déjà intégré, lui. Il est prêt à raconter tout ce qu'il fait, tout ce qu'il ramasse, collecte tous les jours dans ce no man's land nucléaire, mais son chef arrive. Il se referme comme une huître. Physiquement, les épaules se voûtent, la tête s'incline, le regard se dérobe. Il s'excuse dans un souffle, salue en s'effaçant et reprend le volant.

Je commence à entrevoir ce que m'a confié un collègue journaliste à Tokyo : « Tu vas voir, c'est raide de les faire parler les ouvriers, surtout dans le nucléaire. » Les refus fermes, les regards fuyants, les demi-mots lâchés à la va-vite, les sourires gênés, les appels sans réponse, cette anxiété diffuse d'être pris en flagrant délit, je découvre ce jour-là que je vais devoir composer avec durant de longs mois. Comme peut-être jamais il ne m'a été donné de le vivre lors de précédents reportages auprès de survivants de massacres, de rescapés de catastrophe, de victimes de viol, de torture. Je voudrais que cela soit simple de parler sans frein. Ce souhait est au mieux naïf, au pire il est bête. Pourquoi devrait-il répondre à mes questions ? « On gagne quoi à vous parler ? Rien à part des problèmes », m'a décoché un soir un ancien travailleur de la centrale. Sans que je trouve la formule qui le fasse changer d'avis.

Dans ce pays, l'expression d'un point de vue clivant et d'un commentaire ne va jamais de soi. On verbalise peu les choses. Il est mal vu de rompre l'harmonie, de casser un consensus ou de discuter un ordre. Sur un sujet aussi polémique et douloureux que le désastre nucléaire qui a suivi le séisme et le tsunami du 11 mars, le silence est souvent de mise, sinon de rigueur. La dérobade est assurée.

Surtout avec un *gaijin*, surtout en présence de collègues, de supérieurs, de proches, d'inconnus. Et surtout dans le milieu du nucléaire où les consignes strictes de discrétion ne doivent pas être enfreintes sous peine de sanctions, blâmes, voire licenciement. Très rares sont les sans-grade du nucléaire à vouloir parler. Tous ont peur de perdre leur emploi s'ils se confient. Et ressentent-ils de la fierté à participer à un chantier décrié, alors ils se murent parfois dans le silence, dans une forme d'absence au monde, de retrait. Mais en la matière, le Japon ne fait pas exception. Je repense à *La Centrale*, ce récit sobre et tenu d'Elisabeth Filhol. En France, la filière nucléaire avec son réseau de sous-traitants n'est pas franchement réputée pour son ouverture et sa transparence. Il n'y a qu'à lire les travaux de la sociologue Annie Thébaud-Mony pour s'en convaincre. Je le sais, je redoute ce quant-à-soi et ces non-dits.

Je rumine mes craintes quand je vois sortir S. Shota du *konbini*. Silencieux, il fait mine d'hésiter, puis accepte de parler. Est-ce parce que sa journée est finie et qu'il a du temps ? Le fait d'être seul libère-t-il la parole ? Il ne répondra jamais, mais exigera de rester anonyme derrière un pseudonyme, de peur d'être identifié et viré. Dans son *nikka bokka* blanc, le pantalon bouffant des travailleurs, et son tee-shirt moulant qui lui dessine les pectoraux, il apparaît sec et efflanqué. On le sollicite, il s'approche et salue. J'ai croisé son regard dès qu'il a franchi la sortie. Ce sont deux yeux rougis de fatigue qui me fixent et me sondent pour raconter un quotidien «infernal» à la centrale de Fukushima-daiichi. S. Shota n'a que 20 ans et un visage glabre sous son bandana blanc. Mais il a déjà les cernes et la voix grave des ouvriers cassés par des conditions de travail pénibles, des missions raccourcies pour ne pas trop s'exposer aux radiations, luttant contre les intempéries, défiant la peur de l'accident irréparable, le stress de la fuite radioactive sur ce site rafistolé et bringuebalant. Il a une formule qui revient à plusieurs reprises et résume tout : « Mon travail n'est pas dur, c'est pire. » Quand je le rencontre à l'automne 2013, il est chargé de « changer des tuyaux troués, rouillés et contaminés qui sont utilisés pour le système de refroidissement et l'évacuation des eaux vers les réservoirs ». Ce réseau d'eau qui depuis des mois fait la une de l'actualité à cause des fuites à répétition, des incidents en cascade et des déclarations lénifiantes des autorités. Il intervient aux abords du bâtiment abritant le réacteur 1 dont le cœur a entièrement fondu. Et assure avoir travaillé près de zones très contaminées où l'exposition atteignait plus de 1 millisievert par jour, soit le vingtième de la limite annuelle fixée pour les travailleurs du nucléaire ! Le sievert et ses sous-multiples permettent de mesurer les effets des rayonnements sur le corps humain. Plus la dose et le temps d'exposition sont élevés, plus les risques sur la santé sont importants. La Commission internationale de protection radiologique (CIPR) a recommandé en 2007 pour les ouvriers exposés aux radiations que la « limite soit exprimée en tant que dose efficace de 20 millisieverts par an, moyennée sur des périodes définies de 5 ans (100 mSv en 5 ans), à condition également que la dose efficace ne dépasse pas 50 millisieverts en une seule année». Depuis Hiroshima et Nagasaki, on s'est rendu compte que le risque de cancer s'accroît très significativement à partir de 100 millisieverts.

«Je meurs si je reste à cet endroit trop longtemps», en conclut le jeune homme. Ses journées durent trois heures pour ne pas être trop exposé, pour parer au stress et à la fatigue. Chez S. Shota, l'épuisement a pris le pas sur la colère. L'amertume a fait le reste face à l'indifférence générale. «On ne parle pas assez de ce qui se passe ici. Les ouvriers de Fukushima sont abandonnés. Ce sont des humains jetables. On les prend, on les utilise et quand on ne peut plus s'en servir, on les jette. Moi aussi, je suis jetable.» Cet adolescent qui a grandi trop vite m'impressionne par sa présence taiseuse. Il est l'un des quelque 4 000 forçats du nucléaire qui, jour et nuit, s'échinent à maintenir à flot ce *Titanic* atomique. Ils viennent de tout l'Archipel, seuls ou en groupe, embauchés par des géants de l'industrie, ou le plus souvent par des PME locales. Quand ils ne sont pas enrôlés par des officines peu scrupuleuses sur les droits des salariés et les normes de sécurité. Ils n'ont pas de voix, pas de visage, pas de nom, pas le droit de parler et donc pas de mérite, ni de reconnaissance.

S. Shota est l'un de ces pions et un enfant de Hirono. Et c'est probablement pour ce double sentiment d'abandon et d'appartenance qu'il parle à travers les volutes de ses blondes. Ongles rongés, parfois les bras croisés, il explique qu'il est «motivé pour travailler à la centrale et améliorer l'image de [sa] ville. [Il est] attaché à cette région où [il est] né». Il se souvient du séisme qui a ébranlé les immeubles, soulevé les routes, de la vague noire qui a déferlé sur la côte, noyé la voie de chemin de fer, endommagé la centrale thermique dont les grandes cheminées blanches coupent la ligne d'horizon et ouvert tant de failles. Il se remémore le froid, la neige, l'absence d'électricité, la fin d'une insouciance et peut-être de l'enfance. Sa famille a dû être évacuée début avril quand Hirono, située aux portes de la zone interdite des 20 kilomètres, a été mise à l'abri de tout risque de contamination. C'est l'époque où la centrale crache des radioéléments à tout-va, où la région est régulièrement secouée par de fortes répliques, où les autorités tâtonnent, où le pire peut advenir.

S. Shota se mêle à la cohorte des déplacés de la vague et de l'atome. Il attendra la réouverture de la mairie en mars 2012 pour revenir. Il rentre seul. Sa femme, enceinte, reste à Yokohama chez des proches. A cette époque, il vit de petits boulots à Hirono qui décontamine intensément écoles et services publics. A marche forcée, le maire Motohoshi Yamada veut faire du village un exemple du retour à la normalité. L'élu a de la chance dans sa croisade car la commune a été relativement épargnée par les vents radioactifs, à la grande différence de Tomioka, Okuma, Naraha, Futaba ou Namie. Déblaiement, nettoyage, sécurisation, reconstruction, tout est à faire pour tourner la page de la catastrophe. Les entreprises locales ne savent plus où donner de la tête. Elles sont rejointes par plus de 80 sociétés et quelque 3 500 travailleurs. Les hommes de Hirono reviennent, très vite rejoints par le prolétariat de l'atome et du bâtiment. Le père de Shota est recruté par un sous-traitant d'un sous-traitant de Tepco. Un an durant, il est au pied des réacteurs de Fukushima-daiichi et des réservoirs d'eau à parer au plus pressé. En quelques mois, il atteint la limite annuelle des 20 millisieverts au-delà desquels les ouvriers du nucléaire doivent se mettre au vert. Il va garnir les rangs des « humains jetables ».

C'est à ce moment-là que Shota intègre à son tour la grande famille nucléaire. En mars 2013, il est embauché par son cousin, dirigeant d'une PME spécialisée dans la soudure et la construction d'échafaudage, dont il souhaite taire le nom. La société est l'un des maillons de la myriade d'entreprises présentes au chevet de la centrale ravagée. Le jeune homme a de la chance. Il a droit à une couverture sociale et son patron lui verse un salaire journalier de 8 000 yens (60 euros) pour 3 heures de travail, en plus de la prime de risque quotidienne de 10 000 yens attribuée par l'Etat. Une attention que n'ont pas tous les sous-traitants qui perçoivent cette aide. Au final, le jeune S. Shota empoche 3 250 euros tous les mois. La rémunération est royale comparée aux 837 yens de l'heure (6,34 euros) perçus à la même époque par 70 % des manœuvres de Fukushima selon l'aveu même de Tepco.

Les lèvres en « o », il rejette longuement la fumée de sa blonde, avant d'écraser son mégot dans un cendrier de poche. S. Shota se détend en se confiant. Il décrit la situation à la centrale quand soudain la parole reste en suspens. En sortant du Family Mart, un ouvrier en combinaison s'est approché de nous, visiblement trop près. S. Shota se tait et allume une nouvelle clope tout en balayant du regard autour de lui. L'inconnu pianote sur son portable. Silence et œillades en biais. Quelques pas de côté et on glisse vers la gauche du parking, devant sa camionnette. Sans savoir si l'homme écoutait réellement notre conversation.

Après six mois passés à la centrale de Fukushima-daiichi, il est sans illusion. Bien sûr, il « reste motivé » pour aider à « régler la situation à la centrale, pour sauver [son] village » mais il ne croit guère aux travaux entrepris. « Ce que l'on fait ne sert à rien, car il y a des fuites, la radioactivité sort toujours de cette centrale. L'eau contaminée est vraiment un gros problème et on voit bien que Tepco n'arrive pas à gérer cette situation. » A l'heure des premiers bilans, S. Shota est miné car il est persuadé que « tout ça va durer éternellement. Il ne faut vraiment rien savoir de ce qui se passe ici pour ne rien reprocher à Tepco. Les ouvriers restent une semaine et puis s'en vont. Il y a un turn-over incroyable. Les sous-traitants embauchent pour une mission précise puis, quand les travailleurs arrivent, on leur dit de faire autre chose. Ils sont trompés en permanence. C'est la vérité ».

Il dépeint des travailleurs lancés dans une course de vitesse sur un chantier hors norme, tellement particulier et périlleux. « Beaucoup de manœuvres sont mal formés, ne savent pas se servir d'outils. Il y a plein de malfaçons qui expliquent toutes les fuites sur les réservoirs par exemple. Les gens se blessent au travail, se coupent, chutent, s'épuisent. Les accidents se succèdent, un événement chasse l'autre, alors on oublie. Et on ne sait toujours pas ce qui se passe au cœur des réacteurs depuis la fusion. » Plein d'une colère rentrée, Shota marque une pause avant de reprendre, un peu comme un plongeur en apnée soucieux de ne pas s'essouffler pour aller plus loin. « Quand j'entends le Premier ministre dire devant la terre entière que la situation est sous contrôle, j'ai envie de rire. Ce n'est pas possible. Il y a trop de fuites, trop de dangers. On nous laisse tomber. »

Il dit n'avoir reçu qu'une formation de deux heures à la radioprotection. Mais il est accompagné chaque jour par son chef qui lui indique les gestes, les dangers, les niveaux d'exposition avant chaque mission. Il se sait privilégié et protégé. D'une manière inconsciente, il a d'ailleurs confié la gestion de sa dosimétrie à son patron. Il va bientôt atteindre la limite des 20 millisieverts d'exposition annuelle. « C'est dangereux, mon chef et mon beau-père m'ont conseillé d'arrêter. J'en ai discuté aussi avec mon père qui m'a dit qu'en dessous de six mois, ce n'était pas grave. » Le conseil n'a rien de scientifique, ni de sérieux, surtout de la part d'un homme qui a passé un an à jouer au chat et à la souris avec les sieverts pour être finalement remercié par un sous-traitant de Tepco.

Cet après-midi-là, sur le parking du *konbini*, je me rends compte que Shota est déjà parti. Le temps qu'il nous accorde, à l'interprète Ryusuke et moi, la parole libérée, le regard vide, tout indique qu'il s'éloigne de la centrale de Fukushima-daiichi. Dans un petit mois, il se mettra au vert. Mais la pause sera courte. Il a prévu de reprendre des chantiers de décontamination et de construction à Hirono ou Naraha, la commune voisine. «J'ai vraiment besoin d'argent pour vivre et ça passe avant tout.»

Le jeune père de famille solitaire allume une dernière cigarette dans le creux de sa main calleuse. Il accepte de nous revoir, de parler à nouveau, à condition de respecter son anonymat. La démarche assurée, il se dirige vers sa camionnette. Marche arrière, clignotant à gauche et la fourgonnette reprend la nationale 6, suivie par un camion rutilant et chromé qui s'enfuit dans un tourbillon de poussière. Shota disparaît dans Hirono et replonge dans l'anonymat. La nationale 6 s'ouvre à nous.

3.

L'Embarcadère

On ne pouvait pas rater la sortie. Deux ballons géants empalés sur des piquets et une grande pancarte bleue signalent le chemin à suivre pour rejoindre J-Village, le centre d'entraînement et le stade de football bâtis aux abords de la nationale 6. Longue et anguleuse bâtisse d'une moderne laideur fonctionnelle, tout en verre et pierres polies, elle est posée sur un plateau de goudron. Autour, des champs gangrenés par des sacs de déchets, des camions de chantier, des parkings bondés, des ponts et des routes tracées au cordeau ou en courbes qui se dérobent sous les futaies ou sous les frondaisons des pins marins. En les empruntant, on rejoint des terrains de sport épars, de hautes halles ouvertes au vent puis, bientôt, l'océan Pacifique dont je cherche toujours la trace et la présence quand je suis ici.

Dans ce paysage de buttes boisées et d'espaces verts, ce sont d'abord trois tours qui attirent l'œil. Trois cheminées qui s'élèvent vers le ciel en barrant l'horizon marin. Trois totems industriels dans une plaine côtière agricole. La première fois que je me suis rendu à Hirono en venant d'Iwaki, je croyais être déjà aux portes de Fukushima-daiichi en apercevant les panaches de vapeur s'échappant de ces colonnes de béton coiffées d'un collier bleu. Puis, je me suis fait à ce paysage, je me suis habitué à voir les tours de la centrale thermique de Hirono qui, à chaque fois, m'indiquent que je suis arrivé. Elles semblent marquer la ligne de départ d'un improbable voyage vers la zone interdite, avec ces colonnes de vapeur sans odeur qui se dissipent dans l'atmosphère. Mais je n'ai toujours pas compris pourquoi un complexe sportif national, qui a accueilli l'équipe de football du Japon et des centaines de milliers de sportifs, a été construit dans l'ombre des cheminées crachotantes du site industriel géré par Tepco. La compagnie électrique, qui avait déboursé près de 13 milliards de yens (près de 170 millions d'euros) pour bâtir le site à la fin des années 90, a reconverti sans hésiter le centre d'entraînement en base arrière de la centrale pour ses ouvriers et ceux de ses sous-traitants.

L'entrée au bâtiment de J-Village se fait par une place en rotonde. Une large porte coulissante donne accès au hall. Collé dessus en transparence, un adhésif représentant des footballeurs en action proclame que « rien n'est impossible ». Pratique, la maxime d'Adidas peut à loisir être adoptée par les sportifs ou les ouvriers de la centrale. Le hasard fait bien les choses. La première fois que je me suis rendu au centre d'entraînement, il fallait montrer patte blanche. Sans sésame, la porte est restée fermée comme le visage de la cerbère boulotte chargée de la sécurité des abords du site. « Si vous n'avez pas d'autorisation, vous ne pouvez pas rester ici. Il faut partir. » On s'est éloignés pour parler discrètement avec des ouvriers dans l'ombre d'un camion. Les vigiles n'ont pas tardé à se positionner, précédant le retour de la sentinelle, devenue très véhémente. « Vous n'avez pas le droit de parler aux travailleurs, c'est interdit. Vous êtes sur une propriété privée, a-t-elle vociféré en titillant mon épaule avec son index tendu. Si vous ne partez pas, j'appelle la police. » Motorola en main, elle a rejoint son poste de commandement en éructant des menaces à la cantonade, puis des ordres à ses hommes. On est restés pour finir de discuter avec un ouvrier calme, étonnamment souriant. Mais un petit attroupement s'était formé sur le parking. La discrétion n'était plus de mise. Bientôt, les visages et les bouches se sont fermés. L'homme a remonté sa vitre et s'est éclipsé au volant de sa camionnette en direction de la centrale. On lui a emboîté le pas, juste avant qu'une patrouille de la police débarque à J-Village. Au Japon, on ne plaisante pas avec l'ordre public, surtout dans cette région confinée dans la catastrophe.

L'épisode m'a servi de leçon. Les fois suivantes, je suis revenu avec le passe et l'accréditation de Tepco après en avoir fait la demande au siège de la compagnie à Tokyo. Puisque « rien n'est impossible », les portes se sont alors ouvertes. Comme dans un sas. J-Village est le passage obligé, la porte d'entrée vers la centrale de Fukushima-daiichi distante de 23 kilomètres. On y va, on en revient dans cet aller-retour inévitable pour les visiteurs convoyés par Tepco, dans ce balancement entre le territoire figé et contaminé et l'espace ouvert et vivant. La nationale 6 sert de corridor entre ces deux mondes.

A partir de mars 2011, J-Village est devenu le QG des forces d'autodéfense japonaises et des employés de Tepco. En tout, un millier d'hommes mobilisés pour reprendre le contrôle du site nucléaire ravagé par le séisme, le tsunami et les explosions en série. Hébergés, nourris, logés parfois à même le sol, ils s'habillaient, se protégeaient et s'équipaient là avant de monter au nord affronter l'ennemi invisible. Des photos d'alors montrent des soldats et des pompiers en rangs serrés, mains jointes dans le dos, écoutant les ordres avant de rejoindre le front pour livrer une drôle de guerre. Des terrains de football ont été convertis en parkings et en lieux de stockage pour matériels, grues, camions et des centaines de véhicules. Depuis, le péril a été circonscrit et la centrale s'est équipée in situ de lieux de repos, de vestiaires. J-Village est resté un vaste QG où se pressent les experts, les ouvriers de Tepco et des sous-traitants. Il s'est ouvert aux journalistes et aux visiteurs conviés à des séminaires, à des briefings sur l'avancée des chantiers, à des visites encadrées de la centrale.

Ce matin, je parcours les couloirs du rez-de-chaussée de J-Village qui a des allures de coursive. Une poignée de collègues britanniques, américains, japonais, espagnols sont également du voyage. Je croise des cadres de Tepco sanglés dans des tenues impeccables dont le logo composé de ronds rouges et blancs superposés m'évoque la tête de Mickey en version nippone. Le sourire et la facétie en moins. Sur les murs, des photos de l'équipe de football du Japon, de joueurs de baseball, le sport le plus populaire dans l'Archipel, rappellent la vocation du centre et soulignent en creux, si jamais on l'avait oublié, l'importance de l'effort et de la compétition dans l'épreuve. Mais ce qui saute aux yeux, ce sont les panneaux disposés dans le hall où ont été épinglés et scotchés des dizaines d'étiquettes rectangulaires et de Post-it comme autant de messages d'encouragement en provenance de tout le Japon ou pour certains de l'étranger. « *Gambatte* » (courage), « Nous sommes avec vous », « Merci de faire ce travail pour nous sauver », « Continuez, n'abandonnez pas ». Certains prient, d'autres saluent le réveil du Japon avec des petits drapeaux, des *kanji*, des mots soulignés, des slogans (« *One for all, all for Japan* ») et des points d'exclamation comme autant d'incitations optimistes. Des écoliers ont envoyé des dessins de maisons colorées, de montagnes ensoleillées et d'une maman croquée dans une grande robe bleue avec des cœurs rouges et roses dont l'un semble pleurer. On s'adresse à des sauveteurs sur des dizaines de fiches cartonnées. Et dire qu'en dehors, dans les médias, à la télévision et dans les conversations, Fukushima ne semble plus intéresser personne. Comment comprendre ce décalage ?

En sortant du couloir sur la droite, à l'abri de la pluie, un groupe d'ouvriers grille des blondes autour d'un distributeur de thé vert et de café froid. Mines chiffonnées, tenues froissées et regards vides, ceux-là sont pressés.

Crevés, occupés à pianoter sur leurs téléphones, ils ne sont pas bavards et, de toute façon, pas accessibles. Tepco refuse qu'on leur parle et scrute nos mouvements dans le bâtiment. Un employé se croit même obligé de m'accompagner quand je me rends aux toilettes. Devant l'entrée, il fait le pied de grue avant de me ramener à la salle de conférences. Viendrait-il frapper à la porte si je décidais de me barricader ? On m'interdit de prendre des photos dans l'enceinte du bâtiment et des parkings environnants. Précaution ridicule, l'interdiction sera vite oubliée lors de mes visites successives.

Avant le départ vers la centrale, les cadres de Tepco rappellent les conditions de sécurité, le programme de la visite et les interdits. Pas de contact avec les ouvriers en dehors des personnes mandatées par Tepco, pas d'appareil photo et d'affaires personnelles, juste un calepin et un crayon, rien de plus. On ne s'embarrasse pas du superflu. Dehors, un bus usagé aux sièges et accoudoirs recouverts de plastique nous attend. Premier contact avec l'univers prophylactique. Des origamis et des fleurs en plastique décolorées par le soleil pendouillent au rétroviseur. Sur le haut du pare-brise, une pancarte collée fait office de feuille de route : JV-1F. Derrière le langage codé, je décrypte qu'on se rendra de J-Village à Ichi efu, ou 1F, l'abréviation de Fukushima-daiichi. La première fois, le bus parcourt un kilomètre et nous dépose d'abord devant un grand dôme qui abrite des terrains recouverts d'herbe synthétique. Là, sous des tentes en toile plastifiée inondées de lumière, six grosses machines blanches sont alignées. Devant, une queue d'ouvriers s'est formée. Les uns après les autres, ils s'assoient, le dos plaqué contre une paroi blanche. Le compte à rebours est lancé. Pendant soixante secondes, le Whole Body Counter (WBC) détermine leur contamination interne et enregistre le résultat. « Chaque jour, tous les ouvriers qui interviennent à la centrale doivent passer par ici, m'assure, tout sourire, un jeune chargé de communication de Tepco. C'est obligatoire. » Surpris par l'ampleur d'une telle opération qui doit prendre un temps fou pour faire tester quelque 4 000 ouvriers intervenant alors sur le site, je me fais répéter l'explication. « Oui, il s'agit bien de tous les ouvriers de Tepco et des sous-traitants. » Quand je raconterai l'anecdote aux travailleurs de la centrale que je croise, ils seront partagés entre étonnement et ricanement. Aucun d'eux n'est passé par les WBC de J-Village. Avec une telle assurance, le jeune communicant de Tepco était-il convaincu du bien-fondé de sa remarque ou cherchait-il coûte que coûte à faire croire à un journaliste étranger que son entreprise avait érigé la sécurité des ouvriers en règle d'or de son code de conduite éthique ? Dans les deux cas, c'est désolant de bêtise.

On remonte dans le bus en direction d'Ichi efu. A côté de la porte, une affichette jaune écrite à la main précise le « niveau d'exposition sur la route : 0,00 millisievert ». C'est magique. Nous voilà prévenus et rassurés avant même d'avoir entamé le voyage. Sous une pluie crachotante et un ciel bas, on s'engage sur la nationale 6, ce cordon de bitume qui s'enfonce dans la zone interdite des 20 kilomètres autour de la centrale. A la sortie de Hirono, comme un linceul luisant sous la pluie, des bâches vertes et des centaines de sacs de déchets radioactifs noirs ou bleus, ventrus et ruisselants sont amassés en monticule dans des champs boueux. Sur le littoral, dans les anciennes rizières, des cours d'écoles désertées, des parkings et des hangars désaffectés, ce sont des milliers de ballots qui se sont accumulés depuis 2011. Dans un rayon de 50 kilomètres autour de la centrale, ils dessinent un curieux paysage végétal et plastique. A Naraha, la mairie les a stockés sur 20 sites dont certains sont visibles depuis la nationale 6. Le spectacle n'a rien d'engageant pour les candidats au retour dans cette commune pourtant moins contaminée par le nuage radioactif que ses voisines.

Trois kilomètres plus loin, on laisse sur la droite un pont au tablier rouge qui mène à Fukushima-daini, l'autre centrale gérée par Tepco. Bientôt, une usine d'incinération pour les débris contaminés surgit d'un océan de sacs et de bâches et de terres arasées en lisière du Pacifique. On est aux portes de Tomioka, village fantôme à 8 kilomètres de la centrale. Comme dans toutes les communes organisées en chapelet autour de la centrale, le bourg s'étire le long de la nationale 6. Un matin, je m'y suis arrêté. Une partie de ce village a été engloutie par la vague du tsunami, l'autre tient encore sur des fondations à moitié ébranlées et effondrées par le séisme, comme des carcasses de bêtes éventrées, terrassées à genoux, ou affalées dans la poussière radioactive. Comme si la catastrophe les avait définitivement couchés dans leur sommeil.

Dégringolé d'une porte en bois, le portrait joufflu d'un élu du Parti libéral-démocrate du Premier ministre Shinzo Abe pique du nez vers la terre. Sur la façade d'une maison affaissée, une pendule suspendue à un crochet rouillé indique 14 h 46. Je m'inquiète du temps qui est passé si vite avant de m'apercevoir que l'aiguille est figée derrière son cadran poussiéreux. Le temps s'est arrêté le 11 mars 2011. Puis le nuage radioactif a tout piégé, dessinant des territoires ouverts et isolant des zones interdites sur une improbable carte de la contamination organisée en taches de léopard. Longtemps, la petite gare ravagée avec ses quais à nu et ses carcasses de bagnoles chiffonnées par la vague a servi de scène emblématique, de « Ground Zero » local, pour raconter la violence des flots et la désolation radioactive. Début 2015, la compagnie des chemins de fer de l'Est a tout rasé et nettoyé.

Il ne reste que le béton brut des quais qui affleurent au-dessus des herbes drues, comme un embarcadère vers l'ineffable. Le plus saisissant est à venir. Juste là, à une centaine de mètres en direction de la mer, dans cette plaine arasée. Là aussi, tout a été nettoyé à part un hangar et une maison de guingois, perdus dans l'immensité littorale. Car les autorités ont fait place nette pour stocker des centaines de milliers de sacs noirs équivalant à des milliers de tonnes et de mètres cubes de terre, de branchages, de bois, d'herbe, de déchets végétaux en tout genre, raclés en surface sur des dizaines de kilomètres carrés dans la préfecture de Fukushima. Vu les quantités et la masse que cela représente, les chiffres et les unités perdent de leur sens.

Comme des pachydermes morts à même le sol, ces sacs pullulent sur le rivage du Pacifique qui charrie de l'écume. C'est à croire que la vague noire du tsunami a tout pulvérisé sur son passage pour laisser place à ces cargaisons radioactives, curieusement entreposées près de l'océan, à la merci d'une nouvelle vague. De hautes grues qui s'agitent en silence dans le vent marin les trimballent et les entassent sur quatre, cinq niveaux pour former des pyramides à ciel ouvert, parfois dissimulées derrière des palissades blanches. Et bien sûr pas d'odeur, pas de traces visibles de ces déchets à part leur gangue noire.

La voiture tente d'en faire le tour. Elle parcourt les routes, emprunte une ligne droite bordée par ces champs de ballots sur des centaines de mètres. Bientôt, on est cernés par ces parcs de sacs et de débris. Il n'y a plus de rivage, plus de village. A côtés des bulldozers et des poids lourds, la Toyota Yaris a des allures de boîte d'allumettes égarée dans un paysage écrasant. Des images aériennes tournées par un drone de la NHK (groupe audiovisuel public japonais) et mises en ligne quelques mois plus tard me confirmeront cette vision affolante d'un littoral noir de sacs. D'ici à 2018, une partie de ces déchets sera brûlée dans des usines d'incinération comme celles de Tomioka et de Namie, une ville à 10 kilomètres au nord de la centrale, toutes deux en construction en bordure du Pacifique. La partie la plus contaminée sera déposée sur un nouveau site de stockage bâti sur les communes de Futaba et d'Okuma. Après des mois de négociations, le gouvernement a arraché aux mairies l'autorisation d'y entreposer pendant trente ans des milliers de tonnes hautement radioactives et potentiellement dangereuses. Mais, au printemps 2015, sur les 16 kilomètres carrés nécessaires, il n'avait pu obtenir que 6 hectares (0,4 % de la superficie totale) de la part des propriétaires. La décharge nucléaire de Futaba-Okuma n'est pas encore ouverte qu'elle affiche déjà complet. Selon une enquête de la NHK, elle ne permettra d'entasser qu'un dixième de la totalité des déchets déjà accumulés et disséminés dans plus de 75 000 sites de stockage provisoires. Futaba et Okuma vont devenir les autres grandes sacrifiées de la catastrophe de Fukushima pendant au moins trente ans. Après cette période, le gouvernement s'est engagé à transférer cette cargaison menaçante en dehors de la préfecture de Fukushima. Mais il s'est bien gardé d'indiquer où car il n'a aucune piste. Qui voudrait d'une telle cargaison ? La solidarité nucléaire a toujours eu des limites.

On s'échappe en gagnant une hauteur surplombant l'océan. L'hôtel Ocean View a des baies vitrées ouvertes sur le large. En temps normal, on s'assoirait bien là à contempler la vue, à oublier le reste. Mais ce qui s'offre à nous est le désastre de l'océan écumant devant des champs de sacs noirs et le spectre des bâtiments de Fukushima-daiini dans les embruns du lointain. Je m'attendais à humer l'air marin, mais aucune salinité dans l'air. Et pourtant le vent souffle sur ce bout de côte. On m'a demandé si c'était dangereux, ces courants aériens, dans une région arrosée par les retombées radioactives, je n'en ai pas la moindre idée ce matin. Je ne serre plus les lèvres en mutique stressé, comme au premier jour de ma visite, redoutant, bêtement, d'avaler des fournées de radioéléments. C'est le décor qui me laisse silencieux.

Devant l'hôtel aux portes closes, deux plots rouges liés par une cordelette détendue délimitent la propriété abandonnée comme pour empêcher toute intrusion. Qui a envie de s'arrêter ici ? Le parking est jonché d'herbes qui jaillissent des failles du bitume craquelé. Le lieu a été condamné à la va-vite. Presque parcheminés, des détritus et du papier jaunis sont incrustés dans le sol poussiéreux. On n'entend que la mer et ce bruit marin répété en vagues devient obsédant, comme la seule trace de vie dans ce grand dérèglement vide.

On grimpe vers le quartier de Yonomori. Maisons modernes ou *machiya*, avec pelouses et jardins, cerisiers et pins marins, c'est la partie résidentielle de Tomioka qui surplombe l'océan. La route qui unissait le quartier sépare aujourd'hui deux mondes. C'est la route de la zizanie. Un cordon de goudron de 5 mètres de large qui coupe en deux Yonomori. D'un côté, le domaine de l'accessible en cours de nettoyage ; de l'autre, le territoire de l'interdit. Ici, on racle, on déblaie, on sécurise, même si, curieusement, on ne voit pas beaucoup d'ouvriers. Cinq enjambées plus loin, tout est bouclé car trop irradié. En bordure de cette jachère nucléaire, le radiamètre crépite et affiche un niveau de rayonnement de 7,2 microsieverts par heure sous les frondaisons de grands pins brassés par le vent du large. Tout autour, c'est un silence étouffant, subrepticement interrompu par le passage d'une auto qui accélère et se dérobe dans un souffle. A l'intérieur de ce no man's land radioactif, la mairie de Tomioka a même relevé des taux qui dépassent les 9,54 microsieverts, soit plus de 80 millisieverts à l'année. C'est 80 fois le seuil d'exposition annuelle décrété par la Commission internationale de protection radiologique. Les autorités préfèrent attendre que les taux baissent avant de commencer à décontaminer. D'ici là, des ballots de déchets très radioactifs ont été entreposés dans cette « zone rouge » où le retour des habitants n'est pas pour demain. Dans ce quartier où vivaient un quart des 15 800 résidents de Tomioka, personne n'ose avancer de date pour un hypothétique début des travaux. « Il a été décidé de ne pas toucher à ce territoire dangereux pendant au moins cinq ans. Pour l'instant, seuls des déchets radioactifs y sont entreposés », précise le responsable du bureau de reconstruction de la ville, Yoshio Takano. Cet homme à la mèche grise et au sourire las ne se fait guère d'illusions. « Si l'on en croit le calendrier officiel, les habitants de Tomioka pourraient revenir à partir de 2017, mais les travaux de nettoyage, qui n'ont démarré qu'en janvier 2014, ont pris du retard… » Alors Yonomori attendra et Yoshio Takano patientera. Il pointe un emplacement sur une carte bariolée : c'est sa maison, au cœur de la zone rouge. Il en avait achevé la construction depuis un an quand l'évacuation d'urgence a été ordonnée, le 12 mars 2011 au matin. « Mes parents habitaient également ici. C'était la terre de nos ancêtres, je comptais en hériter, explique le responsable municipal, qui ne croit guère pouvoir l'occuper un jour. Plus tard,

si tout va bien, j'y viendrai deux ou trois fois par an. »
Yoshio Takano me fixe, le regard éteint et absent.

A Okuma, ce retour est inenvisageable. Distante de
5,5 kilomètres de la centrale, la ville est inaccessible.
« A partir de là, seul le passage sur la route est autorisé
car c'est plus contaminé », explique Nakayama Tadashi,
le cadre de Tepco qui se targue de jouer la transparence
et professe la sécurité maximale. A chaque intersection,
devant chaque portail ou magasin, les autorités ont placé
des barrières, barricadé les entrées. Des glissières de sécurité galvanisées ont été posées, les pieds cimentés dans
des plots, devant les parkings des commerces. Les feux
tricolores sont tous à l'orange clignotant pour un passage
express. Ainsi hérissée et signalisée, la nationale 6 n'est
plus qu'un couloir de circulation à deux voies chargées
de camions de chantier et de bus d'ouvriers, comme ces
corridors humanitaires où transitent secours, réfugiés et
soldats dans les zones de conflit. Les employés de Tepco
font fermer les fenêtres du bus, comme s'il fallait prendre
sa respiration avant une plongée en apnée. J'ai l'impression d'être le passager d'un convoi spécial au milieu d'un
territoire hostile, miné par les radiations. Je porte un
simple jean, un coupe-vent et des tennis. Je ne m'inquiète
pas, je ne fais que passer. Tout cela est un peu surjoué et
n'impressionne pas vraiment. Le radiomètre commence
à faire du yoyo : 3,3 microsieverts par heure, puis 1,8
avant de remonter à 5,5 et 7,2.

Les maisons sont désertées, fenêtres ouvertes ou
cassées. Les rideaux jaunis flottent au vent. En bordure

de route, une supérette de bricolage a fermé boutique, abandonnant tous ses outils, ses sacs d'engrais et de graines sur des étalages effondrés où ont germé des plantes. Avant de mettre la clé sous la porte, un *konbini* s'est barricadé derrière des planches de contreplaqué. La vitrine est devenue un mur de parpaings. Plus loin, un motel disparaît sous la végétation. La devanture d'un magasin massif gît à terre dans des éclats de verre et les débris de la climatisation qui s'est disloquée en touchant le sol. En poursuivant, on tombe sur un immense parking vide où dorment deux voitures, oubliées par la tempête nucléaire. Avachies, les pneus dégonflés et craquelés par le temps et les intempéries, elles sont recouvertes d'un linceul de poussière. Un sac-poubelle décoloré et entrouvert s'est comme fossilisé à l'aplomb d'une maison bouclée. Ici, la désolation du séisme a été pétrifiée par les radio-éléments, déshumanisant pour de bon ces petites villes à la campagne, ces zones artisanales et commerciales. Un autre matin, je m'arrête devant une petite échoppe de *ramen* à Okuma. Brisée en son milieu, la vitrine laisse voir le bar d'angle où les clients dégustaient ces nouilles en sauce assis sur des tabourets en moleskine. Sur le comptoir ouvert au vent, des baguettes et des verres mêlés indiquent un départ précipité. L'urgence a laissé place à l'absence et au silence du grand sommeil. Du lierre et de la vigne sauvage grignotent les ouvertures et grimpent aux murs du restaurant abandonné.

La nature a repris ses droits dans cette région. Sur la route, un panneau alerte sur la présence de sangliers qui pullulent par ici. Les habitants, qui reviennent pendant quelques heures chercher des affaires dans leurs anciens domiciles, se désolent des ravages commis par la vermine et les bêtes. Dans les villages déserts où s'activent parfois des ouvriers chargés de la décontamination, on entend les cris des oiseaux qui semblent prendre leur revanche sur le bruit des voisins d'avant. Un matin, devant une école de Tomioka, un corbeau haut perché dans un cerisier croasse grassement par intermittence depuis la cime, telle une vigie. Seul maître à bord, il oscille sur sa branche au gré du vent et de ses billes d'encre fixe l'intrus qui le regarde en contrebas depuis la route déserte.

Avec la même virulence, les herbes folles se sont emparées de ce no man's land et c'est un spectacle qui ne manque pas de surprendre tellement il est inhabituel. Dans ce pays où l'espace est compté et qui a si souvent maîtrisé et corseté sa nature et sa flore, pas seulement dans les jardins secs et zen, il est étonnant de voir des rizières en jachère débordant de leurs digues, des arbres ébouriffants de vigueur envahissant les trottoirs, des bambous sauvages percer des salons et des tatamis, trouer des bitumes où prolifère le chiendent. Fini le vert tendre et le bel ordonnancement soigné des rangs de riz naissant.

Cette luxuriance végétale me rappelle les endroits minés et abandonnés d'anciennes lignes de front ou des villages ethniquement purifiés des Balkans et d'Asie du Sud-Est. L'homme est un intrus dans ce monde parfois empreint de déliquescence. Il semble avoir perdu une bataille. De hautes tiges montées en graine oscillent au vent en frémissements squelettiques et chuintants. Elles m'évoquent, un après-midi, les silhouettes filiformes et élancées d'Alberto Giacometti. Des plaqueminiers aux branches chargées de kakis ondulent mollement au bord des talus. Quand les fruits que plus personne ne mange sont trop mûrs, ils se détachent et explosent en mottes pâteuses et orangées sur le bitume sombre des routes désertées. Ils voisinent avec des arbres fauchés par le séisme et restés couchés au sol comme des grands corps malades. Parfois, dans leur chute, ils ont entraîné des pylônes électriques.

C'est le spectacle qui s'offre à nous quand on quitte la nationale 6 pour rejoindre Fukushima-daiichi. Il reste un dernier kilomètre. Le radiomètre vient de grimper à 11,5 microsieverts avant de replonger à 1,8. Le barrage de police est en vue. Derrière les trois hommes en uniforme, les grues au chevet de la centrale surgissent de la cime des arbres. Les policiers autorisent le passage. La pluie s'est arrêtée. Le vent a faibli. Le ciel est gris et le temps lourd.

4.

La fourmilière humaine

La route s'achève sur une impasse, un parking, un débarcadère. On arrive sur un plateau jadis arboré qui surplombe l'océan. La centrale est en contrebas. Je la devine, mais ne la vois pas. Seules les grues se hérissent sur l'horizon marin. D'abord, apparaissent des bâtisses grises et beiges, des dizaines de voitures, de vans, de cars et de camions alignés et rangés serrés sur des parkings goudronnés et nettoyés et des dizaines d'hommes. Uniquement des hommes. Les dangers de l'exposition aux rayonnements sont réels chez la femme en âge de procréer, enceinte ou allaitante. Et de toute façon, dans un milieu de la construction et de l'industrie très masculin, les travailleuses ne sont pas nombreuses. Un dernier virage et le bus s'immobilise devant un grand préfabriqué, porte d'entrée à la ruche de Fukushima-daiichi. Détection de métaux, vérification d'identité avant le passage par un portique automatique. Une fois dans le sas, un écran s'éclaire pour déposer le badge de sécurité. Ensuite, le code à composer. Cet après-midi, c'est 6, à saisir quatre fois, puis deux clics sur un rond vert. Le battant métallique s'ouvre. A droite, des ouvriers, des gueules cassées, des peaux tannées, des bavards, des rigolards et des taiseux. Tous pressés, ils s'échappent en grappe vers un escalier. Ils vont se mettre en tenue. Nous, tellement différents et tellement blancs, chaperonnés par les cadres de Tepco, bifurquons à gauche, vers l'espace réservé aux invités. On récupère un dosimètre que l'on place dans la poche côté cœur d'un gilet ajouré, un masque en papier et des chaussons de plastique. Je prends garde de ne pas les trouer en les enfilant sur mes chaussures. Les pieds enveloppés qui froufroutent à chaque pas et la démarche précautionneuse digne d'un canard, je rejoins un nouveau bus.

A mesure que notre petit groupe de journalistes et d'universitaires avance, on mesure l'étendue du site. Petite île industrielle dans une plaine rurale, Fukushima-daiichi était, avant la catastrophe, l'une des plus grandes installations nucléaires du monde avec ses routes, ses véhicules, ses feux tricolores, ses espaces verts – bientôt réduits à la portion congrue –, ses bureaux et ses logements. Elle alimentait le grand Tokyo avec ses 35 millions d'habitants et une partie de la région du Kanto où se trouve la capitale. C'est en 1966 que le premier coup de pioche a été donné. Vingt ans après la fin de la Seconde Guerre mondiale, le Japon est alors en pleine croissance économique. Il fait de l'atome civil l'un des outils de sa modernisation technologique, une illustration de son appartenance au club des grandes puissances de la planète. Dans le Tohoku pauvre et rural, l'arrivée de la centrale, malgré une timide contestation, est une bouffée d'oxygène, la promesse de lendemains chantants pour une main-d'œuvre habituée à gagner Tokyo pour gagner sa vie. La construction du réacteur 1 démarre juste à 4 mètres au-dessus du niveau du Pacifique. Sur les vidéos ensoleillées de promotions que l'on peut visionner sur YouTube, on voit comment le plateau et la roche ont été creusés pour être au plus près du rivage. Cinq autres unités suivront jusqu'en 1979. Bâtie par General Electric, Toshiba et Hitachi, la centrale est équipée de réacteurs à eau bouillante. Tous vont être démontés.

Les travaux de sécurisation et de démantèlement et le déploiement du chantier n'ont fait qu'amplifier l'emprise et la superficie de la zone industrielle. A côté des bâtiments endommagés par le séisme, Tepco fait bâtir de nouvelles installations, creuser des canalisations, importer des engins de chantier, des préfabriqués en kit et des réservoirs. Et chaque jour qui passe, cette folle machinerie continue à dévorer toujours plus de travailleurs. Ils étaient plus de 2 000 à trimer dans les entrailles de la bête en 2012, ils sont près de 7 000 trois ans plus tard, et tous les entrepreneurs se plaignent d'un manque de main-d'œuvre et d'expertise. Comme Tepco ne peut évacuer les quelque 260 000 mètres cubes de débris et de déchets trop lourdement contaminés par les radiations, il faut donc stocker, ranger tout en réparant et en consolidant.

Quand on vient de la campagne environnante désertée et silencieuse, on est saisi par la fourmilière humaine qui se développe sur ce bout de terre pourtant si inhospitalier. La meilleure illustration de cette excroissance, ce sont ces centaines de réservoirs bâtis à la hâte pour stocker l'eau contaminée ou en partie dépolluée. Soit plus de 700 000 tonnes en septembre 2015. A raison d'une vingtaine par mois, ils poussent en chapelet, grignotant des champs et des bois jusqu'aux grillages au sud du site. Gris, bleus, ou verts, ils sont rangés en lots numérotés, cernés par des murets en parpaings et des toiles en vinyle pour contenir les fuites, les trop-pleins ou les débords qui ne cessent d'alimenter la chronique de la gestion des eaux à Fukushima. Le bus progresse et roule sur d'immenses plaques de tôle, cahote en traversant des passages surélevés. Depuis mon siège, je m'amuse à suivre du regard le trajet d'une myriade de tuyaux, canalisations et câbles en tout genre qui truffent les talus. Ils sortent de terre, rampent au sol, courent sur des haies, disparaissent dans des coffrages en béton, plongent dans des cavités gorgées d'eau pour ressortir soulevés par des trépieds de fortune et des chevalets de chantiers constellés de catadioptres. Ainsi tubée par une ingénierie fourmillante et méticuleuse, raccordée à des compteurs, des cuves, des capteurs, la centrale donne l'impression d'être sous perfusion et placée sous respiration artificielle.

Le bus longe des bureaux « abandonnés car trop contaminés », explique le guide de Tepco, puis tourne à droite. Cinq cents mètres plus loin, un nouveau parking devant le bâtiment antisismique. C'est le QG opérationnel de la centrale bâti sur deux niveaux et deux sous-sols au cœur du site. Sur le seuil, l'ordre est donné de jeter les chaussons dans une grande poubelle. Les communicants de Tepco font bien leur boulot. Très disponibles, ils rappellent les conditions de sécurité, les erreurs à éviter, les gestes à répéter. Répondent aux questions et insistent sans relâche pour dire que bien équipé et préparé, rien ne peut vous arriver. « La situation à la centrale s'est énormément améliorée ces derniers mois. » Confiance et patience, calme et sourires, l'exercice est rodé.

Arrivé à l'étage dans une pièce sans fenêtre, je me mets en tenue pour rendre visite au grand malade, en allant à « Ground Zero » comme disent certains travailleurs pour désigner les abords des réacteurs. En l'occurrence cet après-midi, il s'agit de l'unité 4. Pour commencer, il faut aller aux toilettes. Je vais bientôt comprendre le sens de cette prévoyance. Ensuite, je me déshabille pour ne garder qu'un caleçon et un tee-shirt à manches longues. Puis j'enfile une première paire de chaussettes, mon gilet avec le dosimètre et, par-dessus, la combinaison Tyvek blanche. Ensuite, deux paires de gants en caoutchouc qu'il faut fixer à la combinaison avec un adhésif pour ne pas laisser la peau du poignet apparaître à l'air libre. Le scotch colle aux gants et s'entortille, c'est agaçant. Il faut s'y reprendre à plusieurs reprises et se faire aider. Même précaution avec les chevilles. Avant que je ne remonte la longue fermeture Eclair de la combinaison, on me propose deux pains de glace à glisser dans le dos pour éviter un coup de chaud. J'accepte, même s'il ne fait qu'un petit 28 °C cet après-midi humide de juillet. Il est fréquent, l'été, que les températures dépassent les 40 °C dans cette partie du Japon. Pour les ouvriers, il s'agit d'une épreuve redoutable à surmonter, en transpirant et sans boire. A l'entrée de la centrale, Tepco a d'ailleurs installé un grand calicot jaune citron (« Attention aux coups de chaleur ») en guise de prévention. Shun Kirishima peut en témoigner. Entre avril et septembre 2012, ce journaliste s'est fait passer pour un ouvrier à la centrale. Il se souvient de journées de travail « insupportables » à remplacer « 4 kilomètres de tuyaux contaminés, percés par les racines et les mauvaises herbes » dans une combinaison où la température atteignait 45 °C. Il a vu deux personnes mourir de crise cardiaque et de coup de chaud cet été-là. Dans la banlieue d'Osaka, où est installé l'hôpital central Hannan, le docteur Saburo Murata raconte comment l'un de ses patients s'est contaminé le pénis à Fukushima. Refusant d'uriner dans sa combinaison, il s'est irradié avec les gants en allant se soulager en plein air. Pour faire face aux envies, certains ouvriers n'hésitent pas à porter des couches pour personnes âgées dans leur combinaison. Théoriquement, les manœuvres en combinaison devraient retourner dans un local pour se changer, satisfaire leur besoin, remettre une nouvelle combinaison et repartir sur le chantier. Organisation inenvisageable vu le temps perdu. La chaleur, le geste irréfléchi, le stress peuvent avoir des conséquences funestes dans cet environnement.

Voilà pourquoi on nous demande de redoubler de vigilance, mais je me garde bien de comparer ma situation de visiteur choyé à celle des travailleurs exposés aux risques et aux radiations en continu.

Maintenant, je coiffe mes cheveux d'un calot de papier. Ensuite, il faut mettre un masque filtrant, englobant tout le visage, et veiller à le serrer suffisamment pour qu'il soit isolant, mais pas trop afin de ne pas provoquer de maux de tête ou de douleurs cervicales. Enfin, pour tout verrouiller, je rabats la capuche de la Tyvek sur la tête et enfile la dernière paire de gants en tissu. Des bottes, un casque, et je suis enfin prêt avec mon déguisement. Une certaine excitation s'empare de moi à l'idée d'aller constater sur place l'ampleur des ravages et des travaux. Mais ainsi accoutré, tout devient vite insupportable, le son est cotonneux, les mots sont incompréhensibles et le bruit de ma respiration n'a décidément pas la légèreté ouatée de la plongée sous-marine. Bientôt, un voile de buée se forme au niveau des tempes et vient perler le haut du masque transparent. Chaleur moite et touffeur oppressante. J'essaye d'oublier en me disant que les ouvriers doivent endurer ça plusieurs heures par jour pendant des mois.

Ainsi emmaillotés comme des pingouins, notre petite troupe gagne le bus. Il roule sur le plateau situé à 35 mètres au-dessus du niveau de la mer, puis descend entre deux talus escarpés qui dévalent vers le littoral. Sur la gauche, une petite carrière où s'entassent des voitures cabossées et des tubulures rouillées sur un monticule de ferraille tordue. Puis apparaît «Ground Zero» et ses quatre tourelles cuirassées comme des mausolées. Devant nous, le réacteur 1 dans sa gangue de tôle et de béton, protégé des intempéries depuis qu'une puissante explosion a soufflé les étages supérieurs et le toit du bâtiment le 12 mars 2011. Haut et massif comme un bunker, l'édifice est bien plus imposant que je ne le pensais. Dans le prolongement, l'unité 2, intacte en apparence, puis la 3, en partie enserrée dans un sarcophage, dont on aperçoit le toit soufflé et les murs effondrés aux piliers disloqués. A droite, à l'aplomb de la colline creusée, un long bâtiment blanc. C'est la piscine commune d'entreposage des barres de combustible. En face, le bus s'arrête devant le réacteur 4, les portes s'ouvrent et il faut enfiler sur les bottes une nouvelle paire de chaussons en plastique avant de poser le pied au sol.

On a rendez-vous cet après-midi avec les ouvriers de la compagnie Kajima Corporation. Au pied de la carcasse de béton et d'acier, ils sont à leur poste comme des soldats sans munitions. Une poignée d'entre eux s'affairent sur un chemin boueux juste à côté du réacteur 4, arrimé à une imposante armature rectangulaire. Aujourd'hui, cette unité de Fukushima-daiichi n'offre plus la vision d'un bâtiment ravagé dont la vétusté des installations désossées et trouées, tenues par des armatures tordues, a donné des sueurs froides à la planète entière pendant deux ans. Elle abritait plus de 1 530 barres de combustible usagées. Une mauvaise manipulation, une secousse trop forte ou une tempête trop violente aurait pu provoquer un effondrement de la structure et libérer une quantité considérable de radioéléments. Le site a donc été sécurisé et les assemblages retirés de la piscine du réacteur. Ces travaux ont été une réussite mais ils ne représentent qu'un avant-goût de ce qui attend l'opérateur de la centrale dans les réacteurs 1, 2 et 3 où les cœurs sont entrés en fusion.

Gantés, bottés, casqués et tout de blanc vêtus dans leur combinaison Tyvek, les travailleurs de Kajima sont dos à une épaisse enceinte de béton, bâtie pour les protéger des radiations. Ils se trouvent à un jet de pierre du Pacifique qui vient lécher le remblai de la digue de Fukushima-daiichi. Et cette proximité avec l'océan ne cesse d'étonner quand on connaît l'ampleur et la fréquence des risques naturels au Japon. Avec ses 14 mètres, le tsunami a tout englouti le 11 mars 2011. De là, la centrale ressemble aux entrailles d'un paquebot à cales ouvertes. C'est une usine colossale à ciel ouvert, où les chantiers tous azimuts tentent de garder à flot ce site contaminé, ravagé à la fois par le séisme, les explosions en série, la fusion des cœurs et les inondations. Beaucoup a été fait depuis 2011 pour protéger, nettoyer et renforcer ce « Ground Zero », le port et ses remblais. Mais entre urgence et prudence, le précaire voisine toujours avec le durable. Des bâtiments neufs et robustes côtoient des hangars éventrés, des débris rouillés et broyés, des tuyaux chiffonnés comme des fétus de paille...

C'est perdus dans ce décor post-apocalyptique qu'interviennent les ouvriers de la compagnie Kajima Corporation cet après-midi. Par groupe de trois, devant des foreuses rouges, ils percent des trous de 33 mètres de profondeur au sud du réacteur 4. Puis, dans la boue et les cailloux, ils y glissent des tuyaux où sera injecté un liquide de refroidissement pour congeler le sous-sol à − 30 °C, si tout se déroule comme prévu. Curieux recours en glace pour la centrale. La mission des ouvriers est éprouvante. Dans cet environnement redoutable où l'exposition atteint parfois 2,16 millisieverts par jour (soit plus du dixième de la limite annuelle autorisée pour les manœuvres du nucléaire), « les travailleurs restent trois heures maximum sur le chantier avant d'être relayés », explique, derrière son masque, Tadafumi Asamura, l'un des cadres de Kajima Corporation. Il dit, et le répète plusieurs fois, « faire très attention également à la fatigue des employés ». Là encore les coups de chaleur. Alors, les ouvriers ne commencent à forer qu'à partir de 17 h 30 et travaillent la nuit.

Tepco et Kajima Corporation assurent que la congélation du sous-sol des réacteurs 1 à 4 va se réaliser dans un vaste périmètre de 1,5 kilomètre. Les conduites vont geler la terre et former des cylindres glacés qui doivent se rejoindre pour créer une barrière imperméable et piéger les éléments radioactifs dans une immense banquise souterraine. Le mur pourrait fonctionner au moins jusqu'en 2020. Je longe un bout du périmètre boueux dans l'ombre des tours et des structures massives en me disant que toutes ces interventions, ces acharnements industriels sur la centrale vont durer au moins trente ans. Pendant trente ans, ces ouvriers vont défaire et ne rien produire d'autre que du démantèlement, de la déconstruction, de la dépollution. Désolante perspective. Arrive-t-on à se mobiliser pour un pareil chantier ? La pluie revient et je me réjouis d'avoir acheté – sans le savoir – un calepin résistant à l'eau. Le papier absorbe l'encre de mon stylo et laisse couler la pluie. Je remercie l'inventeur de ce procédé qui sauve mon reportage. Ça me donne l'occasion de prendre des notes, de décrire les travaux, de tenter de photographier les lieux par écrit. Un seul photographe était autorisé, je n'ai pas eu le droit de venir avec mon appareil. Tepco ne tolère qu'un calepin et un crayon par journaliste. Les clichés sont limités, même pour le seul reporter-photo autorisé, à qui on interdit certains angles et prises de vue. Je me demande si je n'aurais pas dû accepter le mini-appareil photo espion que me proposait un magazine pour saisir des clichés pirates. Mais il n'aurait probablement pas passé le contrôle à l'entrée de 1F. La pluie redouble.

Il faut partir. On enlève à nouveau les chaussons de plastique avant de se hisser dans le bus. Ça devient presque un réflexe. A l'intérieur du masque, la buée s'est propagée comme un petit nuage de coton, dessinant des contours vaporeux et incertains. Le bus fait marche arrière, retour au QG antisismique. A l'arrivée, on jette séparément gants, calots, combinaisons et chaussettes dans de grandes poubelles qui seront compactées, stockées avant d'être incinérées. Casques et masques sont rendus à des travailleurs chargés du nettoyage. Un contrôle de radioactivité sur tout le corps et je retrouve mes affaires et l'air libre.

Cet après-midi-là, le patron de Fukushima-daiichi, Akira Ono, assure le service après-vente de la visite à « Ground Zero ». « Le mur de glace ne va pas résoudre tous les problèmes, mais c'est un projet clé qui va réduire l'eau contaminée en l'empêchant de pénétrer dans le sous-sol de la centrale et limiter les quantités à stocker », assure-t-il. Il apparaît devant des cartes, des schémas, des projections constellés de picto-grammes, de chiffres et de couleurs fluo qui courent sur les murs. Tepco n'est jamais avare de documents qui fourmillent de chiffres et clignotent de données. On se noie presque dans les détails. Le superflu cache l'essentiel qui masque parfois l'inédit, et il n'est pas rare que les communicants eux-mêmes y perdent leur latin de techniciens.

Sur la vue aérienne, on voit très bien l'emprise des citernes sur le site. Devant, une douzaine de points orange désignent l'emplacement des pompes chargées de prélever l'eau avant qu'elle pénètre dans les soubas-sements de la centrale et se charge en radioéléments. Autour des quatre réacteurs, apparaît en rouge le futur cordon de glace. Puis, ensuite, des points de couleur désignant des tranchées gorgées d'eau très radioactive. Mèche grise et mine renfrognée, le superintendant Akira Ono s'arrache les cheveux depuis des mois pour régler ce problème des eaux à la centrale. Chaque jour, environ 400 tonnes d'eau saine s'infiltrent dans les fondations et se mêlent à celles utilisées pour le refroidissement des réacteurs qu'il doit pomper, décontaminer ou stocker. A cela s'ajoutent 400 tonnes d'eau supplémentaires qui s'écoulent du site vers le Pacifique.

Dans son uniforme bleu nuit aux plis impeccables, Akira Ono admet des erreurs et des retards. Mais il trompette des « améliorations majeures depuis trois ans. Bien sûr, ce n'est pas parfait à 100 %, mais je crois que l'on peut dire que les choses sont sous contrôle. [...] Il y a beaucoup de dossiers en cours à Fukushima-daiichi, nous le savons, et nous prenons les mesures pour y faire face ». Le super-intendant aux douze travaux d'Hercule n'avait prévu de rencontrer les journalistes qu'une vingtaine de minutes. Ses adjoints rappellent l'heure limite qui approche. Mais Akira Ono bouscule son agenda et nous le fait savoir. Artifice de communication ? Il détaille les travaux cet après-midi en répondant à quelques questions supplémentaires. Réacteurs, traitement de l'eau, Akira Ono joue la carte franchise. Il assure que l'activité sismique, toujours intense dans le Tohoku, ne constitue pas une menace réelle. « Les bâtiments peuvent résister à un séisme équivalant à celui de mars 2011, dit-il. Je serais plus inquiet des conséquences d'un nouveau tsunami, avec l'infiltration d'eau dans les piscines de refroidissement et au niveau des réacteurs. » Un journaliste de Reuters l'interroge lui aussi sur le sort des ouvriers et plus précisément sur le versement de la prime de risque. Il botte en touche et avoue « ne pas avoir une compréhension exacte de la somme qui va directe-ment au travailleur ». Manière de reconnaître des erreurs dans le paiement des salaires.

Akira Ono finit par remercier, salue en s'inclinant et tourne les talons. Je sors du QG antisismique. Il bruine.

Le ciel bas et gris annonce la nuit. Dans les phares des véhicules, on croise des silhouettes blanches anonymes qui glissent dans la pénombre. En chaussons de plastique, je remonte dans le bus. Arrivé au seuil du poste de sortie de la centrale, je dois les enlever et poser mes chaussures sur un tapis adhésif pour prélever les poussières. Un dernier test de contamination externe et je rends mon dosimètre qui affiche un petit 0,03 millisievert ou 30 microsieverts. « C'est beaucoup moins qu'un vol Tokyo-New York qui affiche en moyenne un taux de 0,2 millisievert », analyse, tout sourire, Yuichi Nagano, l'un des porte-parole de Tepco. Dans son esprit, il faut comprendre que la centrale n'est pas l'enfer contaminé trop souvent caricaturé. Devant le sas de sortie, c'est l'heure de pointe. Aux côtés des employés et cadres de Tepco rasés et en tenue repassée, s'invite une faune de travailleurs. En jean et tee-shirt usagés, visages marqués et parfois bras tatoués, ils piétinent dans leurs baskets. Ce sont deux mondes qui se croisent et ne se parlent pas. Ma présence ne fait que rajouter de l'étrangeté à cet univers clos et codifié.

Quand je reviens six mois plus tard, l'étrange cohabitation est toujours de mise. A l'intérieur du site, les réservoirs ont continué de pousser comme une haute forêt de totems cylindriques, grignotant les espaces verts, avalant les arbres. En direction des réacteurs 5 et 6 installés sur la commune de Futaba – les quatre premiers sont localisés à Okuma –, des centaines de troncs sont empilés et couchés sous le givre. Cette partie nord de la centrale est moins dense. Elle donne à voir un autre visage de Fukushima-daiichi avec des petits espaces de nature un peu sauvage, un pylône affalé à flanc de coteau où grimpent des bambous en bouquet. Sur la route droite circulent des voitures et des camionnettes sans plaque. Il s'agit des véhicules condamnés à rester sur le site, car trop contaminés. Pour les utiliser et, au besoin, les réparer, une station-service et un garage ont été construits. C'est le énième signe que le démantèlement du site va prendre des décennies. Sur la gauche, un incinérateur, puis les unités 5 et 6, blanches et légèrement en surplomb. Derrière, l'océan Pacifique apparaît. Une mer d'huile au pied d'un monticule de tétrapodes de béton posés sur les remblais. Jadis ravagé et encombré, ce front de mer a été bien nettoyé, même si deux hauts et immenses réservoirs blancs trônent encore sur la jetée. L'un est vrillé en son milieu, le tsunami l'a chiffonné comme une boule de papier. L'autre, imposant par sa masse au sol, a été désarçonné de sa base et, comme un vulgaire pion, trimballé sur une bonne vingtaine de mètres. Dans le port, une large barge s'apprête à livrer une nouvelle cuve. « Avec ce nouveau type de réservoir construit par Hitachi, nous n'aurons plus de problème de fuite, explique Nakayama Tadashi, chargé de communication chez Tepco, car ils sont constitués d'un seul bloc, sans vis et sans joints. » Il montre également la barrière de métal en partie immergée devant les réacteurs 1, 2, 3 et 4 et censée prévenir les écoulements contaminés dans l'océan. Tepco veut aussi montrer que les taux d'exposition sur le site diminuent, réduisant les risques d'irradiation pour les travailleurs. Deux assistants de l'opérateur électrique se sont joints à la visite. Régulièrement, ils communiquent des relevés à la cantonade : 1,5 microsievert par heure en bordure du Pacifique, 5 devant les troncs morts, 15,6 sur le plateau aux abords des réservoirs bleus. Puis, quand on redescend vers le littoral, je vois leur radiomètre s'affoler dans la pente. Il affiche 50,2, puis 75,4. Quand il avoisine les 100 microsieverts, l'un des deux assistants met la main sur le cadran. Les yeux grands comme des soucoupes, il regarde son collègue aussi stupéfait et muet que lui. On dirait deux collégiens pris en faute. Le radiomètre est illico rangé dans un sac. Curieux réflexe. A la prochaine étape, le niveau d'exposition a replongé à la satisfaction de nos Pieds Nickelés de la radioprotection qui reprennent leurs annonces. L'exercice de l'information et de la transparence semble avoir ses limites avec Tepco.

Le soir, j'ai rejoint mon hôtel-capsule au cœur d'Iwaki. Comme souvent, il n'y a plus de chambres dans les établissements traditionnels. Trop de travailleurs à loger et pas assez de lits disponibles dans cette région si peu touristique. Donc, va pour une capsule. En fait, il s'agit d'un box plutôt confortable et très propre dans une vaste salle sombre et moquettée. Je m'attendais à un dortoir agité, à une nuit faite de promiscuité bruyante. Mais malgré la concentration d'ouvriers, le lieu est étonnamment calme. Ceux qui veulent veiller ont leur espace, près du réfectoire, pour lire des mangas, boire de l'alcool et grignoter, jouer au jeu vidéo, fumer, se faire masser. Peu de groupes, de duos, de vie en commun, et ce silence et cette solitude mêlés m'étonnent autant qu'ils m'interrogent. Les uns s'endorment avec un casque sur les oreilles pour regarder une télé de poche au bout de leurs pieds, les autres vont se nettoyer au *sento*, le bain public. Il est installé en sous-sol avec tous les équipements nécessaires. On s'y lave, s'y frotte, s'y savonne, s'y rince avec une eau abondante. Certains ouvriers se récurent la peau et les cheveux avec une insistance qui doit être douloureuse au final. Ils ont la peau rouge, comme marquée au fer par endroits. Est-ce un moyen de se purifier, de se laver du stress et des radioéléments, d'évacuer la souillure ? Au bout d'un moment, j'ai l'impression de mimer leurs gestes appuyés. Je passe par le bain chaud, puis le froid et regagne ma boîte de nuit. Le sommeil me gagne, je m'endors avec *Laguna Veneta* de Henri Texier entre les oreilles. Ce ne sont pas les ouvriers qui me réveillent, mais un nouvel ébranlement horizontal qui fait tanguer ma capsule pendant quelques secondes. Pas besoin de réveil pour sauter du lit ce matin-là.

5.

Au chevet de la centrale

« Mais pourquoi tu comprends pas ? C'est la culture au Japon, c'est le sacrifice. On fait comme ça, nous ! » Takeshi part dans un rire mêlé de surprise. Je viens de lui demander pourquoi il a quitté Kagawa et l'île de Shikoku, pour aller travailler 1 000 kilomètres plus au nord, à Fukushima en avril 2011, quand tout menaçait. Et il répond avec ses étonnements enjoués et ses certitudes qui sonnent comme des évidences : « Je voulais être utile pour cette région et le pays. Je suis arrivé à la centrale avec une mentalité de kamikaze, plus ou moins prêt à mourir pour sauver le Japon. Bah, c'est normal, non ? » Stupéfait, il me fixe avec un éclair de gravité dans le regard que ne dément pas un air de défi goguenard.

Il a alors 43 ans, travaille dans la construction en rebondissant de chantier en chantier depuis de longues années. Célibataire et sans enfants, il a besoin d'argent. « Autour de moi, certains me disaient de ne pas y aller, parlaient du danger des radiations, d'autres m'ont encouragé. Je me suis décidé, j'étais fier de rejoindre une équipe et de travailler à Fukushima-daiichi. » Ses mots n'ont rien d'une bravade.

Ryusuke et moi croisons Takeshi à Iwaki. C'est un prénom d'emprunt, il ne souhaite pas décliner son identité car il intervient toujours à la centrale et redoute des « problèmes » s'il est reconnu. Un de plus. Il vient de finir sa journée et, le temps de faire la route, s'est rendu à la mairie de cette ville de 326 000 habitants qui héberge des milliers de déplacés et d'ouvriers depuis 2011. Il est venu à l'un des rendez-vous du soir que Hiroyuki Watanabe organise après sa journée de travail. Ce conseiller municipal communiste est l'un des rares élus de la région à s'intéresser au sort des ouvriers de la centrale. « Vous savez, tout est lié. Si les conditions de travail restent déplorables, la motivation des travailleurs s'en ressent et jamais on ne pourra reconstruire cette région, en finir avec cet accident, explique cet élu au parler carré et sac-banane à la ceinture. On ne peut pas laisser tomber et oublier comme le font les Japonais en ce moment. Je regrette de ne pas avoir fait plus dans le passé pour éviter la catastrophe. » Watanabe rattrape le temps perdu et lutte à sa manière contre l'oubli et le mépris des « ouvriers, cette main-d'œuvre que l'on considère jetable ». Militant communiste dans l'âme, il se rend régulièrement à J-Village pour apporter des fruits et des dons reçus de tout le Japon. « Je me dois de faire ça pour les ouvriers, y compris ceux de Tepco qui ne sont évidemment pas responsables des problèmes causés par leurs dirigeants. »

Souvent sur le terrain, parfois tard le soir, cet élu pressé reçoit autour d'un thé vert. Son bureau, encombré de dossiers, de livres et de caricatures du Premier ministre conservateur Shinzo Abe, se trouve au fond d'un couloir aveugle de l'hôtel de ville d'Iwaki. En ce lundi glacial de février, on est content de se réfugier dans son bureau chauffé et accueillant. Watanabe a tenu à nous présenter Takeshi. Ce dernier a débarqué en salopette élimée, sweat-capuche et Converse aux pieds. C'est un ouvrier râblé et rondouillard, aux mains courtes et épaisses, qui ne s'en laisse pas conter après quatre années de missions sur le site ravagé du Tohoku. Takeshi est un type jovial et franc qui se balance parfois sur sa chaise comme un mauvais élève au fond de la classe.

Quand il est arrivé en avril 2011, il était loin d'imaginer la situation à la centrale. « C'était impressionnant. Le sol et les collines autour des réacteurs étaient couverts de débris, de morceaux de toit, de mur, de fer, de béton, d'outils et de poutres. Toutes les vitres étaient cassées, les façades des bâtiments lézardées. J'ai connu de nombreux chantiers de construction, mais je n'avais jamais vu ça. A chaque secousse [les fortes répliques ont été très nombreuses après le 11 mars], j'avais peur d'un nouveau tsunami. Oui, j'avais peur de travailler avec le risque de mourir, mais j'étais fier malgré tout. »

Les deux premiers mois, il doit remplir des dizaines de sacs noirs avec du sable pour consolider les remblais sévèrement entamés par la vague déferlante. Puis, il est chargé de vaporiser une résine verte sur le sol et les espaces ouverts au vent afin de fixer les poussières radioactives autour du bâtiment du réacteur 1 dont toute la partie supérieure a été soufflée par la première explosion à l'hydrogène le 12 mars 2011. En moins de huit semaines, il a reçu une dose de 13,93 millisieverts, soit moins que la limite annuelle fixée à 20. Quatre années ont passé et il est resté au chevet de la centrale, changeant d'entreprise et de chantier. Depuis octobre 2014, il s'occupe de décontamination et de nettoyage dans le dépôt d'« un des principaux sous-traitants de Tepco, une bonne société qui paye et s'occupe bien de ses employés ». Assis, doigts croisés sur le ventre, il évoque un « travail toujours très stressant », même si les taux d'exposition ont baissé. Il continue à assumer ses choix initiaux. « Si je tombe malade après toutes ces années à travailler à Fukushima-daiichi, ce sera ma vie. Après tout, je suis seul. » A 47 ans, Takeshi ne se vit pas comme un « ouvrier jetable » comme l'expriment certains de ses collègues à la centrale, mais se considère comme « un simple outil » intervenant dans le grand Meccano nucléaire post-2011. La nuance n'est pas négligeable, elle évacue un certain fatalisme. Formé et doté d'une expérience dans le domaine de la construction, il se sent investi d'une mission.

Il ne s'agit plus, bien sûr, d'intervenir dans l'urgence extrême, de parer à l'anéantissement d'une grande partie du Japon comme dans les quinze jours qui ont suivi le 11 mars. Le Premier ministre de l'époque, Naoto Kan, préparait alors des plans pour l'évacuation du grand Tokyo et de ses 35 millions d'habitants, en se fondant sur l'état très critique de la piscine du réacteur 4 chargée de combustible usagé. A ce moment-là, les « 50 de Fukushima », restés dans une centrale sans électricité, incontrôlable et ravagée par les fuites radioactives et les explosions, ont risqué leur vie pour sauver le Japon. Ils étaient en fait plusieurs centaines. On a comparé l'action de ces ingénieurs, techniciens, pompiers et soldats aux « liquidateurs » de Tchernobyl. Au Japon, le terme de « samouraïs » est parfois employé pour les désigner. D'ailleurs, l'un des cadres de Tepco, Atsufumi Yoshizawa, a admis en 2013, dans une rare interview, s'être senti comme l'un « des membres de Tokkotai [l'unité spéciale des kamikazes de la Seconde Guerre mondiale], prêt à tout sacrifier ». On ne saurait être plus explicite.

Cette époque est révolue et Takeshi ne faisait pas partie des « 50 de Fukushima ». Mais nul doute que l'action de ces « samouraïs » a contribué à forger un état d'esprit, à souder ces hommes, pour former une sorte de communauté sacrificielle dédiée au sauvetage d'une région, sinon du pays. Sanny se souvient de ces mois au cœur du cataclysme et de la « bonne ambiance ». Je sursaute à l'évocation de la « bonne ambiance » puis, en l'écoutant, je comprends combien la solidarité d'alors a joué pour lui aussi. Il s'est également senti investi d'une mission qu'il n'a plus quittée. Il vit à Tomioka, à 6 kilomètres au sud de Fukushima-daiichi, où est construite sa maison. Sanny est un enfant du pays, tout comme Shota croisé à Hirono et qui se dit « motivé pour travailler à la centrale et améliorer l'image de [sa] ville. Je suis attaché à cette région où je suis né ». Sanny, Shota font partie de ces milliers de travailleurs originaires de ce Tohoku qui a donné tant de bras à la centrale.

Un matin de septembre, Sanny nous a donné rendez-vous dans un petit salon privatif d'un karaoké kitsch à Iwaki où il vit et travaille. Grâce à la *J-pop* qui crachote dans les haut-parleurs, il est persuadé qu'aucune oreille n'entendra ce qu'il à nous dire. Deux heures durant, il va donc falloir endurer les ahanements musico-sportifs de minets et midinettes marketés pour des clips qui s'enchaînent en boucle sur le canal vidéo du karakoé. Lui non plus ne donnera pas son nom, ni celui de la société qui l'emploie. Sanny est un inquiet, isolé dans ses craintes. Paniqué à l'idée d'être identifié, il pèse chaque mot et prend mille précautions qui confinent parfois à de la paranoïa. Il ne sera pas le seul à exprimer ses craintes d'être reconnu. Pendant dix ans, il a exercé comme technicien qualifié pour le compte d'un sous-traitant de Toshiba. Il était en charge de la « maintenance et de l'entretien des installations nucléaires », notamment des cuves de réacteur à Fukushima-daiichi et daini. A la mi-mars 2011, son employeur l'a rappelé. Il a tout de suite accepté. « Si ton supérieur te demande d'y aller, tu dis oui. » La référence à l'armée n'est pas explicite cette fois, mais elle est évidente. Je ne peux m'empêcher de me demander si dans une situation identique en France, des civils, des ouvriers se comporteraient de la même manière, avec la même obéissance soumise.

Comme Takeshi, Sanny évoque un spectacle cataclysmique avec « des quantités de débris radioactifs éparpillés sur le site, des infrastructures anciennes et ravagées ». Jusqu'en août, son quotidien est fait de « longues journées de travail de six heures. Bien sûr, ça ne semble pas beaucoup, sauf quand on est exposé aux radiations ». Même les temps de repos sont pénibles. Avec ses collègues, il doit parcourir à pied le chemin qui mène de « Ground Zero », en bordure de mer, au plateau où sont situés les espaces pour se détendre, un trajet très contaminé. « Il n'y avait pas de bus pour nous transporter. » Sanny raconte comment le technicien nucléaire formé et expérimenté a dû oublier ses anciennes habitudes de travail qui n'étaient plus de mise au milieu d'un tel chaos. « Du jour au lendemain, je devais faire tout ce qui était interdit normalement, c'était notre mission », dit-il sans esbroufe. En août, ayant dépassé le seuil des 20 millisieverts d'irradiation externe, il a dû quitter la centrale et entamer une vie de bureau.

Pourquoi ne pas en profiter pour partir comme l'ont fait des milliers d'habitants déplacés par le nuage radioactif ? Pourquoi ne pas recommencer une nouvelle vie ailleurs puisque la communauté amicale, professionnelle, et familiale a volé en éclats depuis mars 2011 ? Comment accepter la contamination des sols, de l'océan, des bois et des champs où on a vécu toute son enfance en allant à la plage, en se promenant et en jouant en plein air ? Sanny a choisi de rester. Il a le regard fuyant et la parole parcimonieuse sur le chapitre personnel. Il veut continuer à vivre dans sa région natale où résident sa famille et quelques amis. Ce n'est pas vécu comme un sacrifice, mais comme un engagement, la mission d'une vie. Son entreprise l'a rapatrié sur Iwaki où il aide à recruter des travailleurs.

Il a également mené des chantiers de décontamination dans les communes environnantes. Il souhaite continuer à suivre cet indéfini démantèlement de la centrale qui prendra au moins quarante ans.

Il n'est pas sûr que Yukio Shirahige assiste un jour à la conclusion de ces travaux titanesques. Mais il aura probablement tout fait, à son niveau, pour « réparer la situation » comme il dit sobrement. C'est la mission qu'il s'est assignée en 2011. A chaque fois que je rencontre ce technicien de 65 ans originaire de Kyoto, je suis surpris par son calme, sa douceur et aussi parfois ses silences perdus dans un regard vide et insondable. Cheveux courts et gris, lunettes fines et visage tendu, c'est un petit homme sec qui ouvre la porte de son préfabriqué de bois d'un quartier de déplacés à Minamisoma, à 30 kilomètres au nord de Fukushima-daiichi. Comme un bon nombre de communes du département, Minamisoma a subi la triple peine en mars 2011 : d'abord une longue secousse ravageuse, puis la vague noire en furie qui a balayé tout le littoral et fauché 447 vies, et enfin le nuage radioactif. Yukio Shirahige a dû déménager pour fuir les radiations. Une entrée exiguë, une mini cuisine-couloir, un cabinet de toilette et un très étroit séjour-chambre tiennent lieu d'habitation provisoire à ce solitaire affairé, revenu ici sans sa famille. Près de la fenêtre, un bureau de poche et une étagère garnie de livres religieux et d'ouvrages sur la radioactivité et Tchernobyl. Entre les deux, un autel pour prier. Le sol, les murs, les étagères et le lit sont en bois et exhalent un léger parfum de résine qui m'évoque des pinèdes atlantiques en ce mois de juillet.

C'est la fin de l'après-midi et Yukio Shirahige vient d'achever sa journée. Au téléphone avec ses employés, il cale la journée de demain. En tee-shirt noir et pantalon de toile clair, il s'assoit sur le tatami de son salon. Devant lui, des notes éparses, des feuilles blanches et un épais dossier de contrats de travail. Ce n'est qu'un aperçu de sa longue carrière dans le nucléaire. Depuis trente-six ans, Yukio Shirahige fraye avec l'atome. Il a commencé en 1979 à la centrale de Fukushima-daiichi par des opérations de décontamination. Employé d'une société sous-traitante d'Atox, un des grands spécialistes de la maintenance nucléaire au Japon, il doit notamment superviser le transfert des barres de combustible vers de larges fûts en acier qui sont ensuite entreposés dans d'épais sarcophages de béton. Ensuite, il nettoie la piscine, les puits et toutes les installations trop exposées aux radiations. Quand survient le 11 mars 2011, il a changé de compagnie mais opère dans le même secteur avec une trentaine de nettoyeurs sous ses ordres. Occupé sur la partie haute du site, il ne perçoit pas immédiatement l'ampleur du désastre. «J'ai vu débarquer des dizaines d'ouvriers qui remontaient du littoral pour se réfugier. Certains commençaient à rentrer chez eux, inquiets pour leurs proches et leurs maisons après le passage du tsunami. Comme ma présence n'était pas indispensable, je suis rentré également.» Il mettra deux heures pour rejoindre Minamisoma, la nationale 6 est sous les eaux et la boue. Les trois jours qui suivent, il vit sans électricité, sans téléphone et sans nouvelles de la centrale. Avec les moyens du bord, il participe aux premières opérations de secours dans sa ville durement éprouvée. Quand le bâtiment du réacteur 3 explose le 14 mars en fin de matinée, il décide de quitter la région. Avec sa femme et ses beaux-parents, il rejoint Chiba à 320 kilomètres au sud.

Douze jours plus tard, quand son patron lui demande de revenir au travail, il répond présent sans hésiter et revient seul. « Je me suis dit que je pouvais aider à sécuriser la situation. Jamais je n'ai pensé arrêter le travail à ce moment-là, jamais. » Le 29 mars, il est à son poste à J-Village. Distribution de gants, de combinaisons, de casques, assistance et conseils aux ouvriers envoyés au front. Trois semaines plus tard, il retourne à la centrale pour gérer les entrées au bâtiment antisismique, superviser la protection des ouvriers et des véhicules sur le site. « On travaillait alors avec des taux élevés de l'ordre de 100 millisieverts près du réacteur 1, se souvient Yukio Shirahige. Un peu partout, on mesurait des débris très contaminés. » Comment travaille-t-on sur le long terme avec cette menace, avec la peur d'être fortement irradié ?

Yukio Shirahige marque un temps d'arrêt dans son exposé précis et daté. C'est dans ce genre de moment que le regard s'absente et que la parole s'enfuit. Ce cadre très investi a entamé depuis quatre ans une drôle de vie, son existence a changé et pas seulement à cause du grand chaos né du désastre. Il est de cette génération de Japonais pour laquelle la valeur travail est structurante et parfois érigée en profession de foi. Elle est déterminante dans une société où l'on existe et se définit aussi par rapport à un groupe et à la collectivité, où le sens du devoir s'impose sans qu'on l'exige. Dire que l'urgence a chamboulé un quotidien de labeur chez Yukio Shirahige serait une lapalissade. Non, le changement est bien plus profond, comme un coup d'arrêt, une cassure nette entre un avant et un après. Il induit un cruel retour en arrière, un examen de conscience qui l'oblige à revenir sur trente-six ans de travail. Cet après-midi à Minamisoma, Yukio Shirahige est en train de jeter un coup d'œil dans le rétroviseur. Il y a d'abord un long silence, puis les mots viennent.

«Pendant trente-cinq ans à la centrale de Fukushima-daiichi, je n'ai jamais cessé d'expliquer à ma famille, à mes amis et à mes collègues que si on faisait attention, il n'y avait pas de risque d'accident à craindre. Mais, à cause d'une erreur humaine, il y a eu cet accident qui explique pourquoi nous en sommes arrivés là aujourd'hui. Ça m'a plongé dans une grande réflexion personnelle. D'abord, je me suis dit que la nature prenait sa revanche sur l'homme. Ensuite, j'ai pensé à ce que j'avais fait et dit en faveur de l'énergie nucléaire pendant toutes ces années. Ce n'était pas correct. Depuis l'accident, je sais qu'il faut changer de mode de vie. Jusqu'à la fin de mes jours, je vais donc tout faire pour réparer la situation. Vous me demandiez tout à l'heure si j'avais peur en allant à la centrale. Je m'inquiète des taux d'exposition, qui sont heureusement moins élevés qu'au printemps 2011, c'est vrai, mais la peur n'est pas ce qui est le plus important à mes yeux.

Je me sens responsable de ce qui s'est passé, alors je vais aider à démanteler la centrale et à arrêter le nucléaire. Ma femme m'encourage à continuer. Il faut travailler pour accomplir cette mission, tant que mon entreprise aura besoin de moi. »

Yukio Shirahige a parlé doucement, d'une seule traite, à peine interrompu durant une poignée de secondes par une secousse horizontale qui a secoué le préfabriqué dans un léger craquement sourd. Pourquoi se confie-t-il alors que tant d'autres se taisent ? « Je préfère faire savoir ce qui se passe à la centrale pour que les gens sachent et que ces problèmes ne se reproduisent pas. » Dans cette société où l'on verbalise peu les choses, a fortiori dans ce milieu opaque et secret de l'industrie nucléaire, la démarche demande un effort. Il est à la hauteur du « remords » ressenti. C'est probablement l'occasion pour cet ouvrier âgé de se mettre en accord avec lui-même.

Aujourd'hui, il y a chez Yukio Shirahige une « obstination » qui, reconnaît-il, s'apparente à une forme d'expiation. Je revois la place réservée à l'autel bouddhiste au cœur de son minuscule refuge de Minamisoma, aux livres religieux dans la bibliothèque. Mais cet homme sage et parfois contemplatif en présence des autres se garde bien de « faire un lien direct entre son travail et sa religion ». Croyant, il est membre de Soka Gakkai, une secte bouddhiste culturellement et politiquement très influente au Japon où elle est enracinée dans les quartiers populaires. Ce groupe, qui compte plusieurs millions de fidèles dans l'Archipel, est adossé au Nouveau Komeito, troisième force politique et allié quasi indéfectible du Parti libéral-démocrate de Shinzo Abe.

Il n'évoque donc pas ses croyances, mais il mentionne toutefois « l'altruisme et l'influence inconsciente de la théorie de la vie dans le *Sutra du Lotus* ». Composé de 28 chapitres, ce texte postérieur à Bouddha est l'une des grandes références des bouddhistes pour parvenir à la sagesse et à l'illumination. Il réaffirme le caractère sacré de la vie et prône également un engagement actif envers les autres et au sein de la société. La « théorie de la vie » face au chaos naturel et au poison de l'atome. La méditation est un enseignement en forme de promesse.

Tous les jours dorénavant, Yukio Shirahige se tient à son engagement. Il a multiplié les contrats ces derniers mois à un rythme effréné, les chantiers longs s'ajoutant aux missions courtes. Son existence a tout d'une vie pendulaire, dans cet aller-retour quotidien entre travail et domicile. Il enchaîne les longues journées, où il encadre une équipe d'une dizaine de travailleurs, forme des jeunes à la décontamination et au nettoyage. Le reste du temps, il vit seul dans cette maison qui ressemble à un abri provisoire. Sa femme est restée à Chiba tout comme son fils de 31 ans qui a trouvé du travail. Peut-être reviendront-ils si la demeure familiale est bien décontaminée. Yukio Shirahige ne semble pas avoir la réponse et affecte de ne pas y penser.

Lui n'est pas originaire de la région, et pourtant, c'est entre Iwaki et Fukushima qu'il passe le plus clair de son temps depuis 2011. Saburo Kitajima est militant ouvrier et, à plus d'un égard, également en mission. Si l'on était dans l'après-68 et avec les maoïstes de la Gauche prolétarienne, on convoquerait Mao qui recommandait à ses disciples de «descendre de son cheval pour cueillir des fleurs», autrement dit d'envoyer les intellectuels aux champs et à l'usine. Dans le Japon de Shinzo Abe, l'heure n'est pas franchement à la Révolution culturelle, mais il y a chez Kitajima ce besoin de s'engager et de se colleter avec la réalité du démantèlement. «Je suis un activiste antinucléaire et je voulais être sur place pour aider les ouvriers à fermer la centrale et pas me contenter seulement de critiquer le nucléaire civil comme le font tous les militants à Tokyo qui laissent faire le sale boulot aux autres, aux habitants de cette campagne», annonce-t-il lors de notre première rencontre dans la capitale.

Il est de passage à Tokyo, avant de repartir vers le Tohoku où il vit maintenant. On le croise dans une brasserie d'une grande enseigne française qui fait la joie des mères de famille élégantes et des professeurs de l'université Sophia qui jouxte la station de train Yotsuya. Pas évident de se fondre parmi la clientèle chic et gracile. Passé par les bancs d'une faculté de sociologie il y a une vingtaine d'années, cet homme au physique sec et aux ongles rongés a travaillé de septembre 2011 à juin 2012 dans les deux centrales de Tepco où il effectuait des mesures de radiation et des opérations de décontamination. Mais il a eu le tort de parler de Fukushima-daiichi à la presse lors d'un voyage à New York, en mars 2012, à l'invitation de militants américains. Il a été licencié à son retour. Il a rebondi dans des chantiers de décontamination lancés dans les communes contaminées de la préfecture de Fukushima, documentant au passage les conditions de travail des ouvriers et les pratiques des entreprises sous-traitantes des géants de l'industrie nippone. Il fait profiter de son expérience le syndicat régional Jiyu Rôso niché dans un préfabriqué poussiéreux de la banlieue d'Iwaki. Premier contact et premier doute, il est mal à l'aise. Quelques tics parcourent le visage, les mains passent du cou au torse et des avant-bras aux aisselles.

Derrière ses fines lunettes où deux yeux brillent comme de l'encre, Saburo Kitajima est un travailleur atypique et par moments insaisissable dans la galaxie des ouvriers d'Ichi efu. Son parcours d'ancien étudiant, sa démarche engagée font de lui un personnage curieux. Il roule dans une BMW, certes d'occasion, mais très bien entretenue, pianote sur un iPhone dernier cri. Quand on le retrouve un soir à Iwaki, il circule en écoutant des fantaisies baroques de Henry Purcell et confie une passion pour Erik Satie. C'est bête à dire, mais Saburo Kitajima ne correspond pas à l'image que l'on se fait de l'univers des ouvriers. Sans craindre la contradiction et les critiques, il dit être le seul antinucléaire de sa famille, de surcroît à travailler dans le secteur nucléaire. Sa copine l'a quitté quand elle a appris qu'il allait travailler à la centrale. Il dit cela sans s'émouvoir, ni commenter. C'est un fait, voilà tout.

En 2011, à 45 ans, il a tout lâché à Tokyo pour s'immerger dans un Tohoku à mille lieues de la planète militante de la capitale. Après ses missions, il a repris des formations, notamment pour devenir soudeur. Comme Yukio Shirahige, il ne se « voi[t] pas faire un autre travail et vivre ailleurs ». Il a relancé des démarches pour « retourner à la centrale aux côtés des ouvriers et des habitants d'ici ». La décontamination des villages aux alentours de la centrale est loin d'être finie. Alors, comme il l'a fait entre 2012 et 2014, il pourrait repartir sur les routes de la préfecture de Fukushima. « Ce n'est pas l'idéal, non. Mais il faut regarder la réalité, qui va le faire ? »

Les individus que je rencontre ont choisi de répondre présent et de se consacrer au démantèlement, sinon de se sacrifier. Mais je me rends compte combien l'emprise du groupe est forte. Au Japon, le collectif prime sur l'individu. Il n'y a là rien de nouveau. Dans son « Récit du Japon d'en-bas », André L'Hénoret avait bien décrit ce « sens exacerbé de l'appartenance au groupe ». Prêtre-ouvrier à Tokyo durant les années 70-90, il a raconté par le menu son expérience auprès des sous-traitants de la construction. Son journal de bord me fait penser au quotidien des ouvriers de la centrale que je croise. Il y règne un même climat mêlé d'obéissance, de respect de la hiérarchie, de sens du devoir et de soumission. Le sacrifice prend aussi son sens dans « l'oubli de soi pour la réussite commune », écrivait L'Hénoret il y a vingt-cinq ans. « Ne pas se singulariser en faisant des vagues, ne pas s'opposer ouvertement. » Il avait intitulé son témoignage *Le Clou qui dépasse*.

Le titre renvoie à un dicton très populaire au Japon. Il dit que l'on tape sur le clou qui dépasse, sur celui qui cherche à se différencier, à sortir du rang, bref celui qui rompt la sacro-sainte harmonie, règle d'or du vivre-ensemble nippon. Je croyais que l'expression si souvent employée avait perdu de sa réalité, mais en enquêtant sur les « humains jetables », je l'ai entendue à de nombreuses reprises. Professeure de droit social à l'université pour femmes Sagami et présidente du syndicat Tozen, Hifumi Okunuki en parle parfois lors de ses cours ou de ses chroniques dans le *Japan Times*. Ce soir, on la rencontre dans son petit local à quatre blocs de la station Kagurazaka à Tokyo. En sirotant un café chaud dans les vapeurs humides d'un chauffage ventilé, elle évoque la « redoutable force du groupe » et « la quasi-impossibilité de dire non quand on travaille dans le nucléaire. Car si on refuse, on doit quitter l'entreprise. On perd son emploi et, surtout, il y a un risque que la société elle-même perde son chantier et que son contrat ne soit pas renouvelé, que les collègues perdent leur boulot ». Alors, on se tait et on encaisse.

Ce jour-là, je comprends pourquoi le silence est si fort dans ce milieu professionnel. Je réalise le poids de la hiérarchie, la force des entreprises qui deviennent presque, pour des millions d'ouvriers, une seconde famille, sinon la première en cas d'urgence et de suractivité. Ces sociétés ont d'ailleurs réussi à se faire respecter en édictant des règles strictes de silence et de discrétion à destination de leurs employés. Ils ne doivent pas révéler d'informations (ne parlons pas de secret) sur la marche de la société. Tous ceux que je rencontre me disent qu'ils n'ont pas le droit de parler, que cette interdiction est précisée dans leur contrat de travail. Ne pas nuire à l'entreprise. Pression et serment redoutables pour les travailleurs. Je compose avec. Sans le courage de certains élus, les recommandations de responsables associatifs, d'avocats, de journalistes, de chercheurs, les coups de pouce d'amis, je n'aurais jamais pu rencontrer ces ouvriers.

Quelques jours plus tard, je frappe à la porte de Saburo Murata, médecin à l'hôpital central Hannan de la ville de Matsubara, dans la grande banlieue d'Osaka. Depuis quarante-trois ans, il soigne des victimes de l'atome et des malades de Minamata, ces personnes victimes de la pollution au mercure dans les années 50-60 sur l'île de Kyushu. Face aux risques réels, et malgré la pression du groupe, un travailleur peut-il exercer son droit de retrait et ne pas s'exécuter comme un petit soldat docile ? Avant de répondre à la question, Murata affiche un sourire las que l'on se méprendrait à qualifier de résigné. Il ne sera pas le seul à l'arborer. Ceux qui ont entendu parler de cette possibilité sont très rares à l'avoir vu appliquée. Les autres ouvrent des yeux comme des soucoupes quand on leur en parle ou bien jugent impossible sa mise en pratique au Japon. «Je ne connais personne qui ait exprimé ce choix, dit le docteur dans sa blouse blanche immaculée. Celui qui exercerait ce droit se ferait traiter de fuyard, de lâche. Il y a eu des départs à la centrale, des gens qui ont préféré s'en aller. Mais l'état d'esprit dominant chez ceux qui restent est le sacrifice. Vu du groupe, c'est plus beau, plus respecté. Partir et protéger sa famille, c'est fuir. Après, au niveau individuel, certains n'ont pas d'autre choix que de travailler à la centrale pour gagner leur vie. »

Certains travailleurs du nucléaire ont toutefois fait valoir ce droit de retrait par le passé. Le sociologue Paul Jobin, qui travaille sur les « gitans du nucléaire » depuis plusieurs années, me cite en exemple le journal de Morie Makoto. Entre 1976 et 1979, cet homme a travaillé comme un décontaminateur sous-traitant dans les centrales nippones. Puis, alors qu'il s'approchait des 10 millisieverts d'exposition, il refuse une nouvelle intervention. « Heureusement pour moi, l'entreprise ne m'a pas forcé, mais à cause de cela, mes liens affectifs avec (les camarades de) Fukushima se sont distendus », écrit Morie Makoto dans son journal. Paul Jobin a raison de parler d'une « réflexion terrible ». Et aujourd'hui ?

Le 11 décembre 2014, le ministère de la Santé organise à J-Village un colloque sur la protection des travailleurs de Fukushima-daiichi. En tant qu'hôte, Tepco est bien sûr présente sur l'estrade, de même que les grandes sociétés de construction du pays. A la fin d'un ennuyeux après-midi de présentations monocordes, le professeur Akira Suminori, professeur de médecine et cancérologue à l'université de Kagoshima, lève la main depuis l'assistance. « Les travailleurs de la centrale sont-ils libres de refuser un emploi qu'ils jugent dangereux?» demande-t-il. La question est accueillie avec des mines compassées. La réponse est tout en assurances polies et en platitudes convenues. Un modèle de langue de bois à la mode nippone.

6.

Les « gitans du nucléaire »

On s'est perdus dans la campagne de Minamisoma. Le GPS indique bien une petite côte menant à une zone habitée en bordure d'une forêt. Mais il s'agit de deux bâtisses vides et abandonnées sur un parking désert devant lequel le goudron s'arrête. La nuit tombe, pas de lumière et personne en vue. Le GPS est muet et aveugle sur le chemin de terre fraîche qui glisse le long des bois enveloppés d'un halo de brume humide. Il est probablement trop récent. On l'emprunte sur 500 mètres, il conduit à un baraquement neuf mais paumé, faiblement éclairé et posé sur un tapis de gravillons concassés. Un petit homme trapu en sort. C'est avec lui que nous avons rendez-vous. Yoshitatsu Uechi est aujourd'hui un décontaminateur. Le temps des travaux dans le quartier d'Odaka, il vit dans ce préfabriqué loué par la société United Core qui l'emploie. Comme bon nombre de ses collègues, il ne souhaite pas être vu avec des inconnus, a fortiori avec un *gaijin*, un étranger. Alors, il s'engouffre dans la voiture et on s'échappe vers le parking d'une supérette au bord d'une nationale qui disparaît dans la nuit. Ce soir, l'air est chaud et l'humidité orageuse de juillet rajoute à la fatigue de deux longues journées de voyage passées à sillonner les petites routes désertes et les villages abandonnés ou proscrits dans la préfecture de Fukushima.

La porte de l'auto est à peine refermée que les mots claquent. Yoshitatsu Uechi parle comme une mitraillette, pressé de raconter en détail son histoire de simple manœuvre embringué dans la grande machinerie de Fukushima-daiichi. L'agacement et le mépris ressenti n'y sont certainement pas pour rien. Pendant son passage à la centrale en 2012, personne n'a fait grand cas des remarques de cet ancien chauffeur de bus sidéré par les travaux qu'on lui demandait d'exécuter et stressé par les risques d'irradiation sur le chantier. Ce qu'il a vécu et vu explique en grande partie les pannes et les fuites qui ont alimenté la longue chronique des dysfonctionnements à la centrale ces dernières années.

Pour Yoshitatsu Uechi, tout commence au printemps 2012. Un matin, il tombe sur une offre d'emploi dans un magazine gratuit à Okinawa. La société Tech recherche des ouvriers pour monter des réservoirs. Elle offre 13 000 yens par jour (100 euros), prime de risque et salaire compris, avec les repas et le logement gratuits. «Je me suis dit que c'était mon destin, qu'il y avait évidemment du travail dans cette centrale accidentée, je n'ai pas eu peur, j'y suis allé.» Il quitte sa femme, ses quatre enfants et un marché de l'emploi difficile dans ce Sud profond de l'Archipel, pour atterrir à Fukushima. Le 2 juillet, il commence à travailler «sans aucune formation sur le nettoyage et la protection », se souvient-il. Il enfile une combinaison et il est formé sur le tas. Ses collègues lui disent juste de se tenir à distance des cuves d'eau très contaminée avec des niveaux de rayonnement élevés. Tout cela relève de la fine estimation au doigt mouillé. Son chef d'équipe « est pressé » et il faut aller vite pour fabriquer les réservoirs pour l'eau qui s'accumule en quantités astronomiques. Un jour, on le presse de badigeonner à la va-vite la colle d'étanchéité au niveau des écrous, sans s'appliquer, ni nettoyer. Le lendemain, ordre lui est donné de poser une simple feuille d'étanchéité entre les morceaux de ces réservoirs de 1 000 tonnes au lieu d'un vrai joint habituel. Parfois, c'est le produit anti-corrosion sur les boulons et les écrous qui est oublié. Quand on sait que le site de Fukushima-daiichi est fréquemment arrosé par les pluies, c'est regrettable. « On travaille vite, le plus important c'est la rapidité. Evidemment, on fait moins attention à la qualité. Je savais que ça allait fuir, c'était inévitable. »

La machine est lancée, Yoshitatsu Uechi ne s'arrête plus. Souci du détail et méticulosité tenace. On mesure combien ce manœuvre s'est trouvé en butte à un labeur qui ne lui correspondait probablement pas. Il est venu avec un dossier cartonné où il a consigné des notes et classé ses papiers, des courriers, ses contrats. Il raconte le règne du grand bricolage et du n'importe quoi ou comment les entreprises économisent sur tout, au risque de fragiliser les fondations de ces immenses cuves qui poussent à raison d'une vingtaine par mois. Les quantités de fer dans le béton armé sont revues à la baisse.

Un matin, il est expédié sur le haut de ces citernes. Il découvre au niveau du couvercle un trou d'une trentaine de centimètres simplement recouvert d'un adhésif en guise de rustine. « L'eau radioactive était juste en dessous. » Avec ses collègues, il doit remplacer ces rubans de scotch par des disques d'acier. Au lieu de les fixer avec huit boulons, on lui demande de n'en mettre que quatre, avec le risque que l'eau s'écoule et que la pluie provoque un débord.

L'ancien chauffeur de bus, passé par des chantiers de construction, tente bien d'en parler à ses chefs. Mais la pression est forte. « On ne pouvait pas trop s'exprimer car on avait peur d'être viré, se souvient-il. Ceux qui répondaient ou critiquaient étaient limogés. » Alors, il se tourne vers Tepco. Mais que représente ce manœuvre au parler sec dans la grande machinerie hiérarchisée et ordonnée ? Le petit provincial d'Okinawa n'a pas de réponse de la part de Tokyo Electric Power Company. La compagnie électrique n'a pas donné suite non plus à mes demandes sur cette affaire. Comme à chaque fois que l'on évoque la situation d'un employé, Tepco se réfugie derrière son refus d'évoquer des cas particuliers pour des raisons de confidentialité. Et botte en touche systématiquement. En décembre 2012, quand le premier sous-traitant qui commandait les travaux à sa société perd un nouvel appel d'offre, Yoshitatsu Uechi quitte la centrale pour aller décontaminer dans les villages alentour. Il constate que ses craintes étaient fondées. Le feuilleton des fuites commence.

Shun Kirishima témoigne de la même incurie pressée. D'avril à septembre 2012, ce quadragénaire tokyoïte est sur le site ravagé, en extérieur, non pas au pied des citernes mais dans l'enchevêtrement de tuyaux et de tubulures qui courent sur le site. Le réseau de canalisations connaît également des écoulements en série. « Pendant six mois avec mes collègues, on a dû changer au moins 4 kilomètres de tuyaux pour le système de refroidissement des réacteurs et pour le transport des eaux contaminées, raconte ce journaliste baroudeur qui s'est infiltré à Fukushima-daiichi comme ouvrier. Certains étaient percés par les racines et les mauvaises herbes. D'autres conduites avaient été incrustées dans du polyuréthane pour les protéger du gel, on ne pouvait pas savoir si elles fuyaient ou pas. On tâtonnait en permanence. » Sa journée ne dure que trois heures afin de ne pas être trop exposé. Il touche 10 000 yens par jour (77 euros), un salaire de misère au regard des risques encourus. « Il fallait bosser vite car on était dans des zones à forte radiation. Le chantier était compliqué car tous les 4-5 mètres, il fallait couper, faire des coudes et des raccords sans prendre le soin de bien nettoyer avant de relier les morceaux entre eux. C'était du travail bâclé. » Après un été éprouvant et des journées à 45 °C dans la combinaison et derrière un masque, il quitte lui aussi son poste et s'en va écrire ses articles. Le travail n'est évidemment pas terminé. Il « va durer éternellement », comme me l'a dit, dans un sourire dépité, le jeune ouvrier Shota qui lui aussi a passé le plus clair de son temps en 2013 à changer des tuyaux percés et corrodés aux abords du réacteur 1.

En écoutant Shota, Shun Kirishima, Yoshitatsu Uechi ou encore Takeshi raconter leur expérience, je me rends compte qu'ils ont intégré par la case urgence la famille des ouvriers du nucléaire, ces travailleurs invisibles rodés aux servitudes nucléaires du nettoyage et de la décontamination. Ces échafaudeurs, robinetiers, calorifugeurs, chauffagistes, tous ces experts de la maintenance qui interviennent normalement lors des « vérifications périodiques », les arrêts de tranches. Même s'ils n'ont pas la même expérience et n'interviennent pas dans le même cadre, ils partagent la même précarité, une exposition accrue aux risques radioactifs et des consignes strictes de silence qui leur sont imposées par leur hiérarchie, selon une manière d'être et de faire habituelle dans le milieu de l'entreprise au Japon. Depuis la catastrophe, nous ne sommes plus dans le simple cadre de l'entretien classique d'une centrale. L'accident a dérégulé un peu plus un secteur et une organisation du travail déjà opaque. Les hommes que je croise en sillonnant les villages de la préfecture de Fukushima et les faubourgs de Tokyo et d'Osaka sont aujourd'hui moins victimes du chaos qui régnait au printemps 2011, mais ils demeurent pris dans des travaux colossaux et pénibles à l'issue incertaine. Car personne ne sait avec précision ce qui se trame au cœur des réacteurs. Ils sont des pions, des bras, missionnés à la tâche. Une pression constante, un climat de harcèlement et d'extorsion parfois pèsent également sur les épaules de ces hommes souvent soumis au silence.

Ces hommes sont les petites mains des sociétés de construction et de nettoyage. Parfois étrangères à l'univers nucléaire, celles-ci ont frappé à la porte du chantier de sauvetage pour réclamer leur part du gâteau. Les nouveaux venus ont rejoint les rangs des « gitans du nucléaire » qui constituent les bataillons de la sous-traitance qui vont de centrale en centrale au gré des arrêts de tranche. Depuis le début des années 70, ils parcourent le Japon. A cette époque-là, nombreux sont ceux qui viennent des mines de charbon de Hokkaido et de Kyushu comme l'explique Hifumi Okunuki, l'experte en droit social. « Progressivement, les centrales nucléaires vont naturellement accueillir tous ces ouvriers qui perdent leur emploi à cause de la fermeture des mines et doivent aller chercher du travail ailleurs. » Kunio Horie va populariser le sort de cette population de manœuvres avec l'expression *genpatsu jipushi*, les « gitans du nucléaire ». Journaliste indépendant, il s'est fait passer pour l'un deux en 1979 et a tiré un livre de son expérience, hélas non traduit en France. C'est le sociologue français Paul Jobin qui m'a signalé l'existence de ce document. Dans ses recherches sur le monde ouvrier nippon et les questions de santé publique, ce chercheur rodé au terrain souligne le rôle que ce livre a joué pour informer sur les conditions de travail de ces « gitans » soumis aux emplois 3K. On désigne ainsi les tâches *kitanai* (sales), *kitsui* (difficiles) et *kiken* (dangereuses) qu'exécutent ceux qui n'ont pas d'autre moyen de subsistance. En creux, Kunio Horie dépeint l'envers du miracle économique nippon et révèle la face cachée d'une industrie nucléaire qui se dépeint parée des attributs de la modernité et de la sécurité. Le contraste entre cette vitrine de haute technologie et une pratique qui relève parfois du grand bricolage est toujours saisissant, souvent choquant.

Je revois le documentaire coup de poing, *Nuclear Ginza*, tourné par le photographe Kenji Higuchi en 1995. Lui aussi a « gratté la surface pour montrer les dessous du Japon », comme il le dit dans son commentaire. Il est allé à la rencontre des ouvriers des centrales nippones, certains malades, et de leurs proches. Militant, il n'hésite pas à associer le vécu de ces « gitans » avec les souffrances des *hibakusha*, ces victimes de Hiroshima et Nagasaki. Caméra à l'épaule, il part sur leurs traces. Musique lugubre, ambiance nocturne, on le voit errer dans les quartiers de journaliers de Tokyo (Sanya) ou Osaka (Kamagasaki), ces *yoseba* où se rassemblent les précaires, *dekasegi* (saisonniers), *homeresu* (SDF), *burakumin*, des citoyens de seconde zone, tout un sous-prolétariat corvéable à souhait en fonction de l'offre et de la demande. Kunio Horie et Kenji Higuchi montrent l'invisible, une main-d'œuvre jetable au service des grandes entreprises et prise parfois dans les griffes des yakuzas, les groupes mafieux. Ces ouvriers sont évidemment intervenus à Fukushima-daiichi en 2011. Il fallait au plus vite réparer une centrale contaminée et plus que jamais dévoreuse de travailleurs. Des centaines d'hommes, parfois sans expérience du travail en milieu radioactif, ont donc été envoyés au front du démantèlement dans un univers sauvage.

L'un des premiers à avoir pris la mesure du phénomène est Takeshi Katsura, le secrétaire général du petit syndicat régional Jiyu Rôso. Il nous a donné rendez-vous ce matin au fond d'un morne quartier résidentiel d'Iwaki. Un rapide aperçu du local de cette union ouvrière en dit long sur sa force et ses moyens d'action dont Takeshi Katsura ne cache pas les limites. Coincés entre un terrain vague et deux hautes maisons, les trois bureaux exigus qui prennent l'eau sont hébergés entre les parois d'un préfabriqué échoué sur un parking caillouteux. « On s'est rendu compte que quelque chose ne tournait pas rond au cours du printemps 2011 », se souvient le patron de Jiyu Rôso derrière ses lunettes carrées. Il joue avec son paquet de cigarettes et un téléphone portable à clapet rafistolé, totalement dépassé à l'heure des smartphones et des tablettes. « Une partie des journaliers du port d'Onahama qui avaient perdu leur emploi après le tsunami avaient atterri à la centrale en mai pour nettoyer les décombres. Quand ils sont revenus fin juillet, certains avaient reçu 400 millisieverts. A l'époque, la limite autorisée pour les travailleurs du nucléaire était de 250 millisieverts. Tepco nous assurait qu'ils n'avaient pas reçu plus. Alors, on s'est dit qu'il fallait vraiment améliorer la situation des ouvriers et suivre ce qui se passait à la centrale. » J'ai cherché à retrouver au moins un de ces travailleurs, mais l'intermédiaire chargé de les contacter m'a indiqué qu'ils « ne voulaient pas parler de leurs millisieverts ».

Dans sa tenue bleu nuit et les volutes de ses brunes, Takeshi Katsura n'est pas né de la dernière pluie. Mais il est tout de même saisi par les entorses au droit : accidents du travail non déclarés, recours à des mineurs, des « handicapés mentaux recrutés pour des tâches simples et donc moins payés », journées de travail de plus de douze heures, chantages au licenciement, carnets de dose confisqués par les patrons, ouvriers sans couverture sociale… Il énumère les infractions et n'achève pas sa phrase qui reste suspendue en l'air, dans un silence interrogateur et désabusé. « Certains travailleurs sont embauchés puis jetés dès qu'ils s'expriment ou qu'ils franchissent la limite des 20 millisieverts », se désole le syndicaliste. Il doit également composer avec des « entreprises tatillonnes qui n'ont pas envie de nous recevoir et utilisent de plus en plus des intermédiaires comme des puissants cabinets d'avocats et d'experts pour retarder ou empêcher le règlement d'un conflit ». Katsura s'agace un peu pour la forme, mais on perçoit une certaine satisfaction à être le grain de sable dans les rouages du grand chantier, à ne pas céder.

S'il note des améliorations et des avancées depuis 2011, notamment sur les taux d'exposition et le temps de travail, il constate que l'organisation du travail reste « le gros problème à la centrale ». Car Tepco n'est évidemment pas l'exécuteur des basses œuvres du démantèlement de Ichi efu. Tout en haut d'une vaste pyramide, la compagnie électrique a passé commande à des géants de l'industrie nippone tels Toshiba, Kajima, Shimizu, Obayashi qui ont eux aussi confié le chantier à une myriade d'entreprises qui elles-mêmes se sont adressées à une multitude de sociétés qui… Bienvenue dans la cascade de la sous-traitance qui s'incarnerait bien dans une *matriochka* inépuisable. «Le domaine de la construction fonctionne ainsi depuis des décennies. Mais à Fukushima, ça ne devient plus gérable du tout car on finit par ne plus savoir jusqu'où ça va», note Takeshi Katsura. Dans certains cas, dix niveaux d'intervenants et d'intermédiaires ont été comptés. Cette pratique est connue en effet, comme l'écrit Paul Jobin (*Santé au travail*, La Découverte) : «Le recours à la sous-traitance dans les centrales japonaises est devenu massif dès le milieu des années 70, soit plus de dix ans avant la France. »

La catastrophe de Fukushima n'a fait qu'amplifier cette tendance, avec la prolifération de petites sociétés constituées à la va-vite pour répondre à la demande. Quand le Parlement japonais a approuvé le projet de loi pour financer les gigantesques travaux de décontamination en août 2011, le texte n'a pas pris en compte, étrangement, les règles déjà existantes qui régissent l'industrie de la construction. Les sociétés intervenant dans le secteur n'ont donc pas été tenues de divulguer des informations juridiques normalement requises sur la gestion et le management, ni de subir un contrôle des services administratifs. Des officines et des intermédiaires peu scrupuleux ont profité de la brèche pour se faufiler dans une pyramide de plus en plus opaque qui a parfois des allures de jungle ou de foire. «Certains sous-traitants n'hésitent même pas à m'appeler pour me proposer de l'argent en échange d'ouvriers à envoyer sur le site », s'amuse Takeshi Katsura. La présidente du syndicat Tozen, Hifumi Okunuki, raconte les fax d'entremetteurs et d'officines reçus dans son bureau d'aide sociale à Shinjuku où elle intervient régulièrement. « Juste après le désastre, ça n'arrêtait pas. Ils nous demandaient de nous envoyer vite des travailleurs à la centrale. Ils promettaient de payer 50 000 yens par jour (350 euros) alors que dans les faits, le salaire atteignait à peine les 20 000 yens (140 euros). Beaucoup de sans-abri et de chômeurs ont accepté et beaucoup ont eu des déconvenues. »

7.

Les poupées russes de la sous-traitance

Quand je fais la connaissance de Tetsuya Hayashi un soir de septembre 2013, je suis loin de penser que son cas illustre, jusqu'à l'absurde, la spirale de la sous-traitance. Dans ce bar de Shinjuku où se croisent *salarymen*, midinettes *kawaï* et couples énamourés, ce colosse à la peau tannée détonne avec ses grosses chaussures de chantier, ses pognes épaisses et ses cheveux courts. Malgré une légère timidité, il y a dans l'expression de son visage un discret sourire de défi et un regard direct qui titillent la curiosité. En transit pour Nagano d'où il est originaire, il voyage avec un gros sac à dos en guise de valise. Il accepte de raconter sa courte odyssée dans le maquis de la sous-traitance nucléaire où il a exercé depuis 2012.

Au printemps de cette année-là, il voit sur Internet une annonce pour un poste de contrôleur de radiation à la centrale. Il appelle la société Full Mark, une officine de rabatteur, et rendez-vous est fixé au 8 juin à Iwaki. Arrivé sur place, il est finalement pris en charge par RH Kogyo, une société créée quelques mois plus tôt pour rameuter de la main-d'œuvre pour la centrale. Tetsuya Hayashi n'a jamais eu de contact avec elle auparavant, mais c'est avec elle qu'il signe un contrat d'un an. « Regardez ce document soi-disant officiel », intervient Sekine Shuichiro, le secrétaire général du petit syndicat Hanken qui s'occupe des employés précaires et intérimaires à Tokyo. Il n'est fait aucune mention du salaire et de la prime de risque. C'est illégal. » Tetsuya Hayashi n'est pas au bout de ses surprises. Une troisième compagnie entre dans la danse, Suzushi Kogyo, qui demande à l'ouvrier de bidonner un CV, une fiche de renseignements indiquant qu'il travaille depuis trois ans dans la construction à Fukushima et de produire une fausse signature. Bien qu'il ait dix ans d'expérience dans le secteur, Tetsuya Hayashi n'est jamais intervenu sur un chantier de la région de Fukushima.

La sous-traitance est décidément un secteur plein de ressources car quatre autres sociétés viennent s'occuper du sort de l'ouvrier de Nagano. Parmi celles-ci, ABL, qui a pignon sur rue à Hirono. En troisième position dans la pyramide après le donneur d'ordre Tepco, elle souhaite que Hayashi intervienne sur une machine d'Areva chargée de la décontamination de l'eau. « Elle fuyait et elle était en panne, se souvient l'ouvrier. Les niveaux de radiation sur le chantier étaient très élevés, 1 millisievert par minute. En vingt minutes, j'atteignais ma dose annuelle ! Je devais d'ailleurs enfiler deux combinaisons Tyvek, plusieurs paires de gants, un masque pour couvrir toute la tête, un grand poncho, porter une bouteille à oxygène et travailler cinq à dix minutes maximum avant d'être remplacé par d'autres qui allaient faire le même boulot dangereux. Finalement, l'intervention a été annulée, mais je me suis senti trahi et piégé. » Sans craindre de s'étouffer dans sa bêtise ou son mensonge, l'un de ses nombreux patrons pensera le rassurer en lui disant qu'il «suffit d'attendre une semaine pour voir la quantité de rayonnement diminuer de moitié». Tetsuya Hayashi me fixe alors avec un regard dur qui a éclipsé le sourire des premières minutes. Petit à petit, il liste les entraves et les entorses avec ce sentiment d'avoir été berné, méprisé et, finalement, embringué dans un labeur relevant de l'abattage.

Quelques jours plus tard, une nouvelle mission lui est assignée : le remplacement de tuyaux abîmés par le gel. «Je me suis retrouvé avec des gamins de 18-20 ans du Kyushu, de Hokkaido, qui n'avaient reçu aucune formation. Ils voulaient se faire de l'argent. On leur avait dit qu'ils allaient gagner beaucoup en ramassant des débris. Au lieu de ça, on les a envoyés dans des zones où la radioactivité atteignait 0,17 millisievert par heure. Personne ne comprenait ce qu'on devait faire réellement. » L'ouvrier touche alors 13 000 yens par jour (100 euros) mais il doit déduire de cette somme son loyer et ses repas. Résultat, il perçoit en fait moins de 10 000 yens (76 euros). Nouvelle déconvenue quand il reçoit son carnet de dose où sont mentionnés ses taux d'exposition et ses employeurs. Il est truffé d'irrégularités. Sekine Shuichiro sort de son calme bonhomme pour étaler une copie sur son bureau à Tokyo. «Regardez, il est stipulé que Tetsuya Hayashi était employé par Suzushi Kogyo entre mai et juin 2012, puis ensuite par Take One pendant dix jours alors qu'il avait signé un contrat avec RH Kogyo. J'ai découvert plus tard que Full Mark et TSC, un autre rabatteur, étaient des coquilles vides, sans adresse, sans personnalité juridique. »

L'ouvrier ne se démonte pas. Il va voir directement le responsable de la société ABL. « Ça ne va pas de faire travailler des jeunes comme ça, de leur mentir et d'être malhonnête en trafiquant mes papiers ! » Il est viré sur-le-champ et se « fait engueuler » par une cohorte de chefs menaçants. Contacté par téléphone, ABL n'a pas voulu « préciser les conditions de travail » de ses employés ni répondre à nos questions. « Dans ce cas précis, les lois sur la sécurité de l'emploi et le travail intérimaire ont été violées à plusieurs reprises », analyse Sekine Shuichiro. Pour résoudre le différend à l'amiable, le syndicaliste a proposé une négociation collective à toutes les parties concernées. Il a trouvé un terrain d'entente avec RH Kogyo, « mais Tepco, Tokyo Energy, Systems et ABL ont refusé de suivre la même démarche, affirmant n'avoir jamais été en contact direct avec Hayashi ».

L'ouvrier a retrouvé un emploi pendant un mois et demi en septembre-octobre 2012. « C'était enfin un sous-traitant correct avec un vrai contrat et une mission correspondant à ce qu'on m'avait proposé. J'installais des castors [conteneurs étanches servant à transporter et à stocker les barres de combustible pour le cœur du réacteur] pendant cinq-six heures dans des zones très peu contaminées. » Mais l'expérience tourne court. Après la mise en ligne d'une vidéo cachée sur sa première expérience à la centrale et la publication par un tabloïd d'un article sur son histoire, il est mis à la porte. Il dépose plainte auprès du bureau du travail et choisit de témoigner à visage découvert. Il apparaît alors en photo avec un bandana noué sur la tête et l'on se dit que cette apparence de corsaire colle bien avec ce personnage hors des rangs, adepte du coup de sang.

Briser l'omerta, seul contre tous, dans un milieu où le silence est d'or. Pas besoin de préciser qu'il ne retrouvera pas d'emploi dans le nucléaire, ni la construction. Il se dit « blacklisté », ce qui provoque chez lui un sourire et un haussement d'épaules. On extrapole peut-être en disant qu'il s'en moque, mais ce célibataire de 43 ans est visiblement content de tourner la page. « C'est terrible, dit-il. Au départ, tu as peur pour 10 microsieverts. Et puis très vite, plus rien. Tu t'habitues à toutes ces normes, tu oublies. Mais il ne faut pas s'habituer, il faut avoir peur. Après, si tu es normal, tu arrêtes vite ce travail et tu t'en vas. »

Quand Tetsuya Hayashi file prendre son train de banlieue ce soir-là, je me demande si cet ouvrier est un cas isolé sur la planète Ichi efu. Quelques mois plus tard, un petit patron croisé à Iwaki fait la moue quand j'évoque ce cas emblématique. « Il parle beaucoup, pourtant il n'est pas resté longtemps à la centrale. » Manière de dire qu'il ne s'agit pas d'un ouvrier classique et qu'il se différencie trop des autres. Visiblement, l'industrie nucléaire n'est pas parvenue à taper assez sur le clou Hayashi.

Hayashi est-il vraiment un vilain petit canard pas représentatif des milliers de bras qui farfouillent les entrailles de Fukushima-daiichi ? Un cas à part ? Pas sûr. Je frappe à la porte de Motoaki Yamaguchi, le vice-président d'un syndicat de *freeters*, ces employés à temps partiel, supplétifs de plus en plus nombreux de la machine économique nippone. Son local, qui se résume à deux bureaux encombrés de paperasses, un tapis chauffant et trois étagères croulantes en guise de paravent, occupe un coin de la petite maison des syndicats nichée près de la station Hatsudai à Tokyo. La barbe poivre et sel, Yamaguchi reçoit en chaussettes, assis sur un canapé-lit avachi qui fait office de divan. Des odeurs de thé réchauffé et de plateaux-repas flottent dans la pièce éclairée aux néons. Le syndicaliste est un bavard affable et dévoué qui suit la situation d'un ancien ouvrier d'Ichi efu. Celui-ci s'est manifesté auprès de lui il y a plusieurs semaines. Et on a affaire au même scénario que pour Tetsuya Hayashi. « Il a été embauché pour une mission de contrôle et d'assistance aux travailleurs contaminés qui, après leurs journées, viennent se changer au bâtiment antisismique de la centrale, commence Yamaguchi. Il s'agit de les aider à se déshabiller, de leur apprendre à ne pas se contaminer. On lui promet un salaire de 10 000 yens par jour pour 8 heures de travail. Première irrégularité : il est recruté par la compagnie A, mais il reçoit ses ordres de la société B », explique-t-il en refusant de citer nommément les entreprises puisqu'une procédure de négociation est en cours. « Une fois sur place, il découvre qu'il va devoir payer ses repas, son loyer et ne recevra pas de prime de risque. En plus, il n'est pas sûr de pouvoir compter sur ses deux jours de repos car la masse de travail est plus importante qu'annoncée. Comme souvent dans ces cas-là, l'entreprise économise au maximum en faisant exécuter deux ou trois tâches par un seul travailleur. Evidemment, tout a été décidé oralement, pas de contrat, pas de papiers. On peut se demander pourquoi l'employé ne dit rien, questionne Motoaki Yamaguchi sans attendre la réponse. Mais il règne un climat de peur et de pression dans ce monde-là. Plusieurs de ses collègues avaient vu leurs contrats s'achever brutalement après s'être plaints de difficultés. Ils avaient répondu à un questionnaire de satisfaction et, comme par hasard, leur mission s'est interrompue quelques jours plus tard. Et des cas comme celui-ci, conclut le syndicaliste, ne sont pas forcément rares avec la multiplication des faux contrats de travail. »

Hayashi n'est donc pas le seul. Fin 2012, une étude de Tepco révélait que près de la moitié des travailleurs de Fukushima travaillait dans des conditions enfreignant la législation du travail. Embauchés par un sous-traitant, ils recevaient leurs ordres d'un autre. L'enquête précisait qu'un tiers des sondés n'avait pas de contrat en bonne et due forme, que les deux tiers percevaient des salaires de misère, sans aucun rapport avec la dangerosité de leur mission : 837 yens de l'heure (6,4 euros).

« Nous sommes conscients de ces bas salaires et des problèmes de santé, mais nous nous efforçons d'informer les ouvriers sur leurs droits, sur leur possibilité de s'adresser à nous pour des examens médicaux. Il est impossible de contrôler tous les niveaux de la chaîne », répond Yoshida Mayumi, du département communication au siège de Tepco à Tokyo. Son supérieur, Teruaki Kobayashi, directeur de la gestion des équipements nucléaires, insiste pour dire que « Tepco a demandé à ses 35 sous-traitants directs de s'assurer que leurs propres sous-traitants respectaient la loi et que, par exemple, ils n'embauchaient pas des gens issus de la mafia ». Il finit par admettre quelques minutes plus tard n'avoir « aucune idée précise du nombre de sociétés et de personnes employées à Fukushima-daiichi ». En fait, Tepco est en haut d'une pyramide dont elle ne voit ni les fondations ni les centaines de bras qui la portent. Selon les estimations, on sait qu'environ 800 sociétés travaillent sur le site de Fukushima et emploient environ 7 000 ouvriers chaque jour. En tentant de remonter le fil ténu de cette pyramide, je repense aux travaux sur la pauvreté urbaine au Japon de Mélanie Hours. En 2007, la sociologue écrivait que le « succès des grandes entreprises de construction repose beaucoup sur leur habileté à mettre le plus de travailleurs possible à l'écart des contrats de travail. Grâce à un réseau complexe de sous-traitance, les grandes compagnies n'apparaissent jamais en tant qu'employeur direct et ne sont donc pas légalement responsables des diverses infractions au Code du travail ». Soucieuse de s'afficher en entreprise « concernée », Tepco m'indiquera quelques mois plus tard avoir mis en place une hotline pour les ouvriers, organisé des formations sur la législation du travail pour les sous-traitants et les ouvriers.

Mais les habitudes ont la vie dure. Quand je recroise le toujours calme et posé Teruaki Kobayashi dans les locaux de Tepco en décembre 2014, une nouvelle étude vient d'être publiée. Commanditée par la compagnie électrique qui, à défaut de tout contrôler, communique sur les failles du système, l'enquête montre que près de 30 % des ouvriers sont payés par une compagnie différente de celle qui les dirige sur le site. Un chiffre en hausse de 10 % en un an. L'air un peu navré, le cadre de Tepco m'explique que cette augmentation est due à la multiplication des travaux, avant de me faire part à nouveau de sa « préoccupation » et des « efforts à entreprendre » pour améliorer le sort des travailleurs. Est-il sincère quand il confie ses regrets avec une mine abattue qui s'avère un bon pare-feu à de nouvelles questions ?

L'avocat Yousuke Minaguchi hoche la tête derrière son bureau installé à un jet de pierre de la station Yotsuya à Tokyo. Spécialisé en droit social et droit du travail, il s'occupe de l'affaire de Tetsuya Hayashi et commence à ouvrir de plus en plus sa porte à des ouvriers mal payés et maltraités par des sous-traitants engagés dans la course au profit. « Le gouvernement et Tepco ferment les yeux sur ce problème. Bien sûr, ils affirment officiellement qu'ils sont préoccupés par ces irrégularités et ces illégalités, mais dans le fond, ils ne veulent pas que ça change. Ils pourraient mettre un coup d'arrêt à tout ça en créant par exemple une entité pour le démantèlement de la centrale au sein de laquelle Tepco et ses premiers sous-traitants seraient les seuls à prendre en charge le recrutement. Mais Tepco est en état de mort cérébrale depuis des mois et le gouvernement ne sait plus quoi faire avec Fukushima. Le système est en place depuis des décennies et rien ne va radicalement changer, analyse l'avocat affairé qui connaît sur le bout des doigts les textes de loi bafoués. Il faudrait de la mobilisation et du monde pour y parvenir, mais les syndicats ne sont pas assez forts au Japon et les cas d'ouvriers intentant une action en justice restent rares. Alors, sur le terrain, on continuera à avoir des ouvriers intervenant sur un même chantier mais avec des conditions de travail, des statuts et des salaires très différents. »

Bien sûr, dans ce maquis de la sous-traitance, l'argent reste le nerf de la guerre. Tous les ouvriers que je croise ne cessent de se plaindre de la faiblesse des rémunérations. On ne saurait leur donner tort vu leur exposition aux risques. Elle a poussé certains à quitter la centrale pour aller chercher une meilleure situation sur les chantiers de décontamination dans les villages environnants, dans le secteur de l'énergie solaire en pleine expansion au Japon ou à Tokyo pour les préparatifs des JO de 2020. Les révélations sur ces salaires de misère et la gestion calamiteuse de la crise par Tepco et ses sous-traitants se sont multipliées, écornant l'image d'un Japon harmonieux et uni dans l'effort de reconstruction. Alors en novembre 2013, Naomi Hirose, le PDG de Tepco a annoncé une hausse de la prime de risque de 10 000 à 20 000 yens (76 à 152 euros) car il « est très important de sécuriser la main-d'œuvre ». Devant les députés quelques mois plus tard, le patron de la plus puissante compagnie électrique de toute l'Asie est revenu à la charge en appelant les sous-traitants à « verser un salaire approprié pour chaque salarié ». Aurait-il formulé les choses autrement s'il avait voulu dire que ce n'était pas complètement le cas jusqu'à présent ?

Mais de l'intention à l'application, il peut y avoir des différences d'approche. Akira Ono, le superintendant de Fukushima-daiichi, se fait très prudent quand on l'interroge dans son QG antisismique en juillet 2014. « S'agissant des hausses de salaire, je n'ai pas une compréhension exacte du montant directement versé aux travailleurs. » Toute la question est là. Teruaki Kobayashi, l'un des managers de la compagnie électrique, se félicite que 60 % des manœuvres disent avoir bénéficié d'un coup de pouce en 2014. La prime de risque est arrivée en partie dans la poche des ouvriers, comme le confirme le cadre Yukio Shirahige qui intervient à Fuksuhima-daiichi depuis trente-six ans. Présent à Ichi efu depuis 2011, le décontaminateur Takeshi a dû quémander à son patron cette hausse de salaire. Mais ce dernier a une approche toute particulière. Il a établi un barème en trois zones pour définir le niveau de dangerosité des chantiers. « On touchait entre 3 500 et 12 000 yens (26 et 91 euros) en fonction du taux d'exposition, se souvient Takeshi. Quand j'ai travaillé près du réacteur 3 où les radiations étaient encore importantes, j'ai demandé à recevoir 12 000 yens. Et là, mon chef m'a expliqué que le réacteur était maintenant bien protégé, que les risques étaient moindres et que je n'avais pas à m'occuper de ça. » Après avoir essayé d'arracher une augmentation, Takeshi a finalement démissionné pour une meilleure place. Pour justifier le refus, son chef a prétexté n'avoir lui-même pas reçu la prime de risque du sous-traitant se trouvant à l'échelon supérieur de la pyramide. Retour à la logique de la poupée russe. «On va donc aller en justice pour savoir où la prime a bien pu rester bloquée», se réjouit l'obstiné Takeshi avec un sourire accroché aux lèvres. Ses yeux ronds jubilent. On s'attendrait presque à ce qu'il se frotte les mains en prévision du grand déballage qu'il appelle de ses vœux. Ne risque-t-il pas d'être déçu tant les ressources et les chausse-trappes des entreprises du secteur sont nombreuses ?

Cette question des salaires alimente la spirale de la sous-traitance : mauvaise paye, mauvaise embauche, mauvaise motivation et en fin de compte mauvaise qualité des travaux. A Fukushima-daiichi, ses effets sont délétères. Des SDF, des journaliers, parfois des illettrés, tout un peuple de sans-grade a migré vers la centrale de Fukushima-daiichi. Sanny, le technicien de la filière nucléaire qui dirigeait une grande équipe de manœuvres, se souvient d'avoir vu arriver des «ouvriers sans expérience et sans connaissances dont les erreurs en série ont entraîné des retards et des malfaçons». Après son passage à la centrale en 2012, Tetsuya Hayashi a tiré des conclusions sans appel. «Les ouvriers bien formés, qui travaillent bien, représentent peut-être 5-10 % du total. Le reste ne réfléchit pas. Seuls les gens qui n'arrivent pas à trouver un travail finissent à Fukushima. Alors la qualité des travaux est mauvaise, il faut parfois refaire le boulot, corriger des erreurs. »

Le constat, qui date de 2012, est aujourd'hui à nuancer mais il montre que la centrale de Fukushima-daiichi manque de bras, de jeunes et d'expertise depuis le début de la crise. « La main-d'œuvre qui débarque sur le site n'est pas vraiment qualifiée, ni motivée, constate Takeshi qui a multiplié les chantiers depuis 2011. Je vois des types qui vissent à l'envers, à qui j'explique plusieurs fois les mêmes choses, qui font n'importe quoi. Ils ne savent pas s'exprimer. Moi je suis discipliné et voir ça, ça m'agace. Et puis, je m'excuse, mais j'ai l'impression parfois d'être dans une maison de retraite quand je rentre à la pension. Il y a des vieux de plus de 65 ans qui débarquent pour travailler à la centrale et ne sont pas du tout formés et prêts pour ce chantier-là. » Ce constat est partagé par des dirigeants d'entreprises de Shimizu, de Teco et par des experts des mairies proches de la centrale, pourtant peu enclins à la critique frontale de la filière nucléaire. Ils évoquent en même temps le départ d'ouvriers et de techniciens bien formés ou issus de la filière qui ne peuvent plus rester en zone contaminée. Présents depuis longtemps sur le site, affectés à des tâches dosantes, ils n'ont pas d'autre choix que de se mettre au vert ou d'aller chercher un autre travail. Certains, peu désireux de continuer de travailler dans un univers professionnel dur et démotivant, ont également décidé de prendre le large.

Cette pénurie a donné des idées aux trafiquants et aux profiteurs. Elle a favorisé l'émergence de nouvelles microsociétés en bas de la pyramide de la sous-traitance. On les voit apparaître en quantité à partir du 5e ou du 6e échelon. Il s'agit parfois d'un simple nom, d'un numéro de portable mentionné au bas d'une annonce dans un gratuit ou sur Internet. Plus rarement, l'adresse figure sur l'offre d'emploi, mais une fois sur les lieux, il n'y a rien à part une boîte à lettres anonyme, une devanture baissée ou une porte close. Ces « coquilles vides », comme les appelle le syndicaliste Sekine Shuichiro, gèrent de la main-d'œuvre à bas prix. Certaines en profitent pour recruter des travailleurs pris à la gorge par des dettes de jeu et de crédit et se portent garantes en échange d'un chantier à la centrale. Dans cette chasse aux bras corvéables, les groupes mafieux tirent évidemment leur épingle du jeu. Selon l'agence Reuters, une cinquantaine de gangs avec 1 050 membres opèrent dans la préfecture de Fukushima. La centrale de Tepco est au « cœur de la sphère d'influence de la Sumiyoshi-kai [le deuxième clan de yakuzas en importance après celui du Yamaguchi-gumi] », explique Tomohiko Suzuki, un journaliste japonais qui s'est fait embaucher à la centrale en 2011 pour raconter la décontamination de l'intérieur. Il raconte comment la Sumiyoshi-kai fonctionne en fédérant de petits groupes, très implantés localement et chargés de recruter des bras pour les chantiers. Enracinés depuis des décennies, ces mafieux sont présents jusque dans les vestiaires des ouvriers de la centrale. Les travailleurs disent régulièrement voir des hommes tatoués, une pratique très souvent associée à la pègre au Japon. Certains ont le doigt coupé en signe d'allégeance à un clan, mais le phénomène ne semble pas massif. Les membres et leurs affiliés se font discrets. « Il y a peu de yakuzas à l'intérieur de Fukushima-daiichi, poursuit Tomohiko Suzuki, mais bien plus dans les chantiers de décontamination dans les villages de la région. »

L'Etat et les entreprises ont lancé quelques actions et multiplient les discours contre le crime organisé. Au printemps 2013, un petit boss d'un gang affilié au clan Sumiyoshi-kai a été condamné à huit mois de prison avec sursis pour avoir extorqué de l'argent à des ouvriers. Il a été reconnu coupable également de fournir des travailleurs pour un chantier géré par Obayashi, l'un des cinq grands de la construction au Japon. Quelques semaines plus tard, le ministère de la Santé, du Travail et des Affaires sociales a jeté un pavé dans le marigot nucléaire en révélant le nom de trois sociétés en infraction avec les lois du travail. Yamato Engineering Service et Sowa Kogyo, toutes deux de Sasebo (sud du pays), ainsi qu'Aguresu de Nagasaki avaient envoyé à la centrale 510 travailleurs en toute illégalité. En 2009, Yamato avait déjà été montrée du doigt et interdite de participer à des chantiers publics. Des enquêteurs avaient établi qu'un de ses anciens dirigeants était lié au crime organisé.

Le ministère de la Santé, du Travail et des Affaires sociales a également franchi les murs de la centrale. Il a enquêté sur la myriade de petites PME qui ont investi les chantiers colossaux de décontamination dans les villes de la préfecture de Fukushima. Parmi les sociétés contrôlées, près de 70 % ne respectaient pas le droit du travail. Ce chiffre laisse songeur et donne une idée de l'ampleur des infractions quand on sait que des bataillons de décontaminateurs sont employés pour racler, nettoyer, aspirer, tailler, stocker. A Naraha, ils étaient autour de 4 000, à Tomioka, ils sont 5 000 et autant à Namie où les travaux ont commencé doucement. Il reste encore des lieux contaminés, notamment dans cette région en forme de corne d'abondance radioactive qui part de la centrale et s'élargit vers le nord-ouest des collines et des rizières. Les risques d'irrégularités et de malversations sont potentiellement élevés. L'enrôlement de mineurs a été mis au jour par les enquêteurs qui s'attendent à découvrir d'autres cas dans ce Far West de la décontamination, plus difficilement contrôlable que la centrale.

« Ces travailleurs sont probablement les plus mal protégés de toute la région de Fukushima, assure le syndicaliste Takeshi Katsura, dans son préfabriqué d'Iwaki. Il est encore plus difficile qu'à la centrale de savoir ce qui se passe pour eux. Ils travaillent dans des conditions déplorables, avec de mauvais masques, de mauvaises combinaisons, quand on leur en donne... Certains ont été exposés à de fortes radiations et sont probablement très contaminés. Je redoute un grave problème de santé dans les prochaines années. »

Un après-midi aux abords de Date, village déserté. On croise une équipe de travailleurs en pantalon de toile, casquettes et imperméables. Pas plus de protection pour couper des feuillus, tailler des haies drues et entasser les déchets sur une bâche bleue ouverte aux vents pluvieux. A Iitate, en contrebas d'une colline, une poignée d'hommes dont deux en tee-shirt et masques en papier sur la bouche raclent un sous-bois. Comme pour de simples travaux champêtres. De l'autre côté de la route, un champ truffé de sacs noirs charriés par une grue rouge. L'ouvrier qui la pilote exécute ses travaux des champs en combinaison fermée, mains gantées de blanc et masque intégral. Saisissant contraste avec ses voisins de chantier. Derrière ses fines lunettes, Saburo Kitajima me fixe en silence. Il sourit en hochant la tête quand je lui demande s'il était bien protégé. Après ses missions aux deux centrales de Tepco en 2012, cet ouvrier originaire de Tokyo a enchaîné les travaux de décontamination pendant deux ans. « Les risques de contamination interne sont élevés quand on intervient sur le toit d'une maison avec un Kärcher, dans les jardins et les parcs pour couper des arbres et des cultures en jachère. » Il se souvient de certains patrons demandant à leurs ouvriers de ne racler que le strict nécessaire de terre contaminée pour arriver juste à la limite du taux d'exposition autorisé. « Je fermais les sacs à mains nues, on respirait tout ce qui passait dans les airs, on brassait de la terre, des branches, des arbres. Je n'étais pas bien protégé. »

8.

La santé surexposée

Il a les joues concaves et les yeux las d'un bleu délavé. Mais c'est son inquiétant sourire d'illuminé qui reste en mémoire. On rencontre Masahito sur le parking de J-Village. Il part à la centrale au volant de sa camionnette jaune pour son travail de nuit : installer des tuyaux pour bâtir le grand réseau de canalisations vers les réservoirs d'eaux contaminées. C'est l'un des grands chantiers urgents à Fukushima-daiichi qui fait face à des fuites et des inondations en série. Ce soir, il retourne au chevet de la centrale où il est présent depuis mars 2011. Quand on le croise en octobre 2013, cet homme calme au débit lent ne cache pas une certaine fatigue. Comme éteint et tassé sur son siège. Il a 51 ans mais en fait vingt de plus. Rares cheveux gris sur un crane dégarni, ce cadre d'une société sous-traitante de Tepco, dont il taira le nom, intervient aux abord des réacteurs 3 et 4. Son taux d'exposition « a dépassé les 70 millisieverts ». Par la portière entrouverte, il livre l'information avec un sourire qui laisse profondément mal à l'aise. Son rictus d'illuminé sur ce visage émacié a quelque chose de glaçant. L'expression qu'il arbore alors est un curieux mélange de défi, d'indifférence amusée, sinon de résignation assumée face à la menace des radiations.

Avec un tel niveau d'exposition, Masahito n'est pas condamné. Simplement, il explose les limites imposées par les entreprises du secteur nucléaire qui, dans leur grande majorité, respectent les recommandations de la Commission internationale de protection radiologique. Celle-ci préconise que les ouvriers travaillant dans des milieux radioactifs ne soient pas exposés à des doses efficaces et supérieures à 20 millisieverts par an, « moyennées sur des périodes définies de 5 ans (100 mSv en 5 ans). Elle recommande également que la dose efficace ne dépasse pas 50 millisieverts en une seule année ». D'où vient ce seuil de 100 millisieverts ? Il a été défini à partir du suivi des populations de Hiroshima et Nagasaki victimes des bombardements américains les 6 et 9 août 1945. Avant d'être confirmé par l'accident de Tchernobyl en avril 1986. On s'est rendu compte que le risque de leucémie s'accroît significativement à partir de 100 millisieverts. Pour les autres cancers, c'est à partir de 200 millisieverts que les cas se multiplient.

Avec la dose efficace, la CIPR entend prendre en compte la fragilité d'un organe ou d'un tissu humain irradié et le type de rayonnement (rayons X, gamma, alpha, neutrons). Après, tout est affaire de pondération. Puis entrent en ligne de compte l'âge, le sexe, le patrimoine génétique, le style de vie... Bienvenue dans le maquis de la radioprotection avec toute la complexité des mesures physiques et de leur incidence sur la biologie. Il y a de quoi s'arracher les cheveux avec les doses, les unités de mesure passives et actives, les types de rayonnements et leur périodicité. «Il y a une énorme technicité en radioprotection et un manque de pédagogie des experts», comme le reconnaît le radiobiologiste Nicolas Foray, pourtant l'un des meilleurs spécialistes des effets ionisants sur les tissus humains. Pas besoin de préciser que les ouvriers sont loin d'être au fait de toutes ces subtilités dont la méconnaissance explique probablement une part de leur silence. Qui le leur reprocherait? Probablement pas l'industrie nucléaire qui ne voit pas complètement d'un mauvais œil cette surabondance de normes érigées en folles complexités scientifiques pour s'exonérer de toute explication en matière de risque et de santé.

«Tout le monde m'a dit d'arrêter, mais je continue car je suis bien payé avec 400 000 yens par mois (2 870 euros), explique Masahito. Si je quitte mon poste, je ne retrouverai pas un travail de sitôt.» Il sera en effet probablement mis au vert, en repos forcé ou confiné à des activités non dosantes et moins rémunérées. Alors, il «continue» et, dans un dernier rictus, dit «faire attention à ne pas trop s'exposer» sans être très convaincant. On insiste. Comment va-t-il, hormis des signes visibles de fatigue? Il a vu des médecins en avril alors qu'il avait déjà atteint les 70 millisieverts. «C'est obligatoire tous les six mois, mais les docteurs ne m'ont rien dit de spécial.» Il a fait des examens d'urine, de sang et de selles, a réalisé une anthropogammamétrie pour mesurer la radioactivité (rayons X et gamma) émise par le corps. «Je n'ai aucun problème de santé, tout va bien», conclut Masahito sans s'étendre sur le sujet.

On est bien obligé de le croire. L'ouvrier n'est pas très bavard sur son état de santé. Il ressemble en cela à ses collègues rencontrés tout au long de ces deux années d'enquête. Ils n'aiment guère s'entretenir de leur santé et de leur dose. Le corps semble être devenu un outil, un maillon de la grande machinerie, une pièce détachée que l'on change quand elle ne fait plus l'affaire. Chez certains, cette attitude relève du déni de réalité et de l'inconscience, comme un refus d'envisager le danger. Je repense à S. Shota qui déléguait ce contrôle crucial à son patron, lequel était également son cousin. Il allait atteindre les 20 millisieverts quand on l'a rencontré. «C'est dangereux, mon chef et mon beau-père m'ont conseillé d'arrêter, raconte le jeune homme aux yeux cernés. J'en ai discuté aussi avec mon père qui m'a dit qu'en dessous de six mois, ce n'était pas grave.» Comme si ce n'était qu'une question de durée ! Tout cela n'est pas très méthodique, ni prudent, et ressemble à un improbable jeu du chat et de la souris avec les sieverts. S. Shota aura une phrase définitive pour évacuer le débat : «J'ai besoin d'argent pour vivre et ça passe avant la santé.» Takeshi le décontaminateur, présent par intermittence à la centrale depuis 2011, ne connaît même pas sa dose. «Je ne suis pas intéressé par les chiffres», tente-t-il de se justifier un soir en rigolant. Il s'en remet au «responsable de la société qui gère ça». «Ça», c'est la vie et les risques inhérents au nucléaire. Tout ce que l'on évoque et qui inquiète unanimement tous ceux que je rencontre en dehors des ouvriers et des responsables du secteur. C'est à croire qu'ils sont préservés et protégés, comme immunisés. Chez le cadre Yukio Shirahige, dans l'industrie nucléaire depuis 1979, je fais face au même détachement. «Je fais confiance à ma société et aux médecins qui m'auscultent tous les six mois. Si ça n'allait pas, ils me préviendraient.» Curieuse mise à distance. Elle a des airs de politique de l'autruche appliquée au nucléaire.

Elle est souvent de mise pour masquer une réelle méconnaissance des risques concrets chez ces ouvriers comme dans le reste de la population, mal informée au Japon comme en France d'ailleurs. Surtout, elle dissimule un tabou. Parler de sa santé, c'est évoquer en partie des risques, faire aveu de faiblesse dans un univers masculin où le danger est potentiellement déjà présent. C'est oser se démarquer des autres, du groupe de travail, voire menacer sa cohésion et à terme peser sur la mission de toute l'équipe. Alors, le silence s'installe, puis l'accoutumance oublieuse prend le relais, sinon la fatalité. Manœuvre bringuebalé dans la cascade de sous-traitants à Fukushima-daiichi, Tetsuya Hayashi avait très bien résumé la situation quand on l'avait croisé un soir à Tokyo. «C'est terrible, avait-il dit. Au départ, tu as peur pour 10 microsieverts. Et puis très vite, plus rien. Tu t'habitues à toutes ces normes, tu oublies. Mais il ne faut pas s'habituer, il faut avoir peur. Après, si tu es normal, tu arrêtes vite ce travail et tu t'en vas.»

Tetsuya Hayashi est parti, mais nombreux sont ceux qui sont restés au pied des réacteurs. Ils ont besoin de travailler pour nourrir leur famille. Alors, ils composent avec le climat stressant et les conditions strictes d'un milieu professionnel qui cultive le secret, au Japon comme ailleurs. «Les employeurs craignent la divulgation de problèmes graves au sujet des méthodes de recrutement, l'environnement de travail, les résultats d'inspection des centrales, les accidents et les maladies des travailleurs et des handicapés», note Takaki Kazumi, professeur de sociologie à l'université de Gifu. Ces trente dernières années, il a mené plusieurs enquêtes de terrain auprès des ouvriers du nucléaire de la baie de Wakasa où plusieurs centrales nucléaires ont été bâties (Tsuruga, Fugen, Monjyu, Mihama, Ohi, Takahama). «Si les ouvriers parlent sans retenue, écrit-il dans une étude détaillée, les vulnérabilités structurelles de centrales nucléaires pourraient être dévoilées, ainsi que des informations sur les travailleurs employés illégalement, plusieurs cas de maladie et de mort peut-être causés par l'exposition aux rayonnements.»

Alors, nombreux sont ceux qui ont pris le parti de ne rien dire. D'autres, heureusement moins nombreux, ont choisi de s'arranger avec les radiations et de s'exposer au risque. Dans les deux premières années qui ont suivi la catastrophe, des ouvriers ont sciemment enveloppé leur dosimètre d'une couverture en plomb afin de bloquer les rayons X et gamma et de gagner du temps et plus d'argent. Parfois, la pratique était même exigée de cadres d'entreprises comme Build-up, un sous-traitant de Tokyo Energy and Systems, lui-même mandaté par Tepco. Ces deux dernières entreprises ont admis que le taux d'exposition pouvait ainsi être diminué de 30 %. Pour éviter cet escamotage, certains ouvriers ont préféré cacher leur dosimètre dans un endroit à faible rayonnement. Embauché comme manœuvre en 2012 sur le site de Fukushima-daiichi, le journaliste Shun Kirishima est intervenu à plusieurs reprises sans appareil de contrôle pour les besoins de son enquête. Dans une brasserie de Tokyo où je le croise au milieu des *salarymen* et des fonctionnaires des ministères de Kasumigaseki, Shun me détaille, humble et amusé, les astuces de planque et le laxisme des travailleurs chargés des contrôles. Sanny, cadre expérimenté du nucléaire, confirme avoir vu des travailleurs se délester de leur APD (Active Personal Dosimeter) pour pouvoir rester plus longtemps.

Ces pratiques, en vigueur dans le chaos des deux premières années d'intervention, n'étaient bien sûr pas la norme. Après la révélation de plusieurs scandales, Tepco et ses sous-traitants se sont efforcés d'apparaître moins laxistes dans leurs opérations de contrôle. Ils ont mis en place un meilleur système d'enregistrement des doses et pourvu chaque intervenant d'un APD. Car dans les trois semaines qui ont suivi le tsunami, l'opérateur s'est retrouvé face à une pénurie de dosimètres avec seulement 320 appareils disponibles sur 5 000. Les vagues avaient emporté une bonne partie des équipements de mesure en noyant les installations de Fukushima-daiichi.

Dans un premier temps, certaines équipes se sont donc retrouvées avec un seul compteur pour un groupe d'hommes. Autrement dit, la mesure du taux d'exposition était collective et finalement inexploitable pour évaluer la dose reçue par chaque individu. Selon la commission d'enquête indépendante sur l'accident nucléaire, « environ 30 % des travailleurs n'ont pu être informés de leur dose cumulée ».

Pour toutes ces raisons, il faut prendre avec beaucoup de précautions les premiers relevés au doigt mouillé brandis par Tepco et le ministère de la Santé, du Travail et des Affaires sociales. Tableaux chiffrés et relevés datés à l'appui, les autorités japonaises précisent qu'au mois de novembre 2015, 45 200 ouvriers sont passés par la centrale, dont l'écrasante majorité est constituée de sous-traitants. Elles ajoutent que 174 personnes, dont 150 employées par Tepco, ont reçu plus de 100 millisieverts. Elles sont 1935 à avoir reçu plus de 50 millisieverts. Parmi les 20 personnes les plus exposées, la compagnie électrique compte 17 employés qui ont reçu une dose cumulée effective dépassant 176 millisieverts, le plus contaminé en totalisant 678,8. Mais il est fort probable que ces chiffres ne reflètent pas toute la réalité tant la désorganisation sur le site était grande, et la communication très mauvaise dans les premières semaines de la catastrophe. De ce fait, il n'est pas interdit de penser que des travailleurs soient passés à travers les mailles du filet de la protection radiologique, surtout dans les rangs des sous-traitants pas toujours scrupuleux en matière de santé et de radioprotection. C'est en tout cas ce que nous a indiqué Takeshi Katsura du petit syndicat d'Iwaki, Jiyu Rôso. Il a évoqué la situation d'une petite partie des journaliers du port d'Onahama qui avaient perdu leur emploi après le tsunami. Ils avaient atterri à la centrale en mai 2011 sur un chantier de nettoyage des débris. Revenus fin juillet, certains totalisaient un niveau d'exposition de 400 millisieverts. « Pourtant, à l'époque, la limite autorisée pour les travailleurs du nucléaire était de 250 millisieverts. Tepco nous assurait qu'ils n'avaient pas reçu plus. » Malgré plusieurs tentatives, je n'ai pas pu rencontrer ces travailleurs. L'intermédiaire chargé de les contacter m'a indiqué qu'ils « ne voulaient pas parler de leurs millisieverts ». On ne trouve pas la trace de ces ouvriers dans la liste des 20 personnes les plus exposées.

Mais la situation de ces précaires du nucléaire ne semble pas être une exception. Pour les travailleurs ayant reçu des doses inférieures à 100 millisieverts, des experts indépendants ont révélé des écarts parfois très importants entre les données enregistrées par des sociétés sous-traitantes et celles évaluées par le Comité scientifique de l'ONU sur les conséquences des émissions radioactives (Unscear, dans le jargon nucléaire). Ces différences ont amené les autorités japonaises à réévaluer à la hausse les doses estimées pour près de 25 000 travailleurs en 2013 et 2014.

A la suite de la catastrophe, Tepco et ses sous-traitants ont été privés d'équipements pour établir les contaminations internes, c'est-à-dire déterminer si les radionucléides pénètrent dans l'organisme par ingestion, inhalation ou par une plaie. Ce n'est qu'à partir de juillet 2011 que de nouveaux appareils de contrôle ont été disponibles pour permettre cette mesure. Et malgré cela, des doutes ont été émis par des experts des Nations unies sur la « véracité des niveaux d'exposition interne fournis par les entreprises au sujet de leurs ouvriers ». Deux mois plus tôt, déjà, les ouvriers avaient également tous reçu un dosimètre personnel, ne permettant toutefois de lire que l'irradiation externe.

Malgré les retards, tous ces équipements répondaient à une nécessité criante. Les niveaux de radiation étaient élevés sur le site à la suite des explosions des bâtiments et des rejets dans l'atmosphère qui se poursuivaient. Pour faire face aux urgences, la dose effective limite avait d'ailleurs été fixée à 100 millisieverts immédiatement après le début de la catastrophe. Le 14 mars, elle est même portée à 250 millisieverts. La « dose limite d'urgence », selon la terminologie japonaise, est restée en vigueur jusqu'au 16 décembre 2011, date à laquelle l'arrêt à froid des réacteurs est constaté.

Pendant ces neuf mois, les ouvriers de Fukushima-daiichi sont exposés à des niveaux de contamination importants, qui heureusement décroissent avec le temps. Mais des « points chauds » vont subsister dans de nombreux endroits du site et dans un rayon de 20 kilomètres autour de la centrale. C'est durant cette période que les 174 travailleurs les plus exposés sont donc contaminés. D'eux, on ne sait rien. Tepco s'est toujours refusée à «évoquer des cas particuliers, surtout quand il s'agit de la santé des ouvriers». «Nous pouvons confirmer qu'aucune maladie ou mort n'est attribuable à l'exposition aux rayonnements», indique, au printemps 2015, Tatsuhiro Yamagishi du département communication de la compagnie électrique. Le 20 octobre, il est démenti. Ce jour-là, pour la première fois depuis l'accident, le gouvernement japonais reconnaît l'existence d'un lien entre la leucémie d'un ancien ouvrier de la centrale et son exposition aux rayonnements. L'ancien travailleur, âgé de 41 ans, est intervenu à Fukushima-daiichi d'octobre 2012 à décembre 2013 pour le compte d'une entreprise sous-traitante. Originaire de Kita-Kyushu (sud du pays), il était affecté à des opérations de construction et de soudure près des réacteurs 3 et 4. Il a reçu 15,7 millisieverts à Fukushima et, précédemment, il avait été exposé à 4 millisieverts lors d'une mission d'inspection de trois mois en 2012, à la centrale de Genkai de la compagnie Kyushu Electric Power. C'est en janvier 2014 que sa leucémie myéloïde aiguë a été diagnostiquée par les médecins. Cette reconnaissance du ministère de la Santé va permettre la prise en charge complète de ses soins et le versement d'une indemnisation selon des modalités établies en 1976 pour les travailleurs du secteur nucléaire. Si l'un d'eux reçoit plus de 5 millisieverts en une année et qu'une maladie se déclare un an après la première exposition aux rayonnements, il a droit à une prise en charge de l'Etat qui depuis quarante ans a indemnisé 13 ouvriers. Trois autres cas étaient toujours à l'étude en novembre 2015.

Entre 1975 et 2012, au moins 16 personnes sont officiellement décédées des suites de leur activité dans le secteur nucléaire. Tous n'avaient pas été exposés à de hauts niveaux de radiation. Selon les autorités, 10 travailleurs de Fukushima-daiichi ont également trouvé la mort depuis 2011 : 2 lors de l'inondation du 11 mars ; 5 de maladie, d'arrêt cardiaque, d'hyperthermie et de leucémie ; 3 autres sont disparus accidentellement sur le chantier. A ce jour, aucun lien n'a été établi entre ces décès et les effets ionisants.

Un suivi de tous les travailleurs a été mis en place. Depuis 1977 au Japon, un Centre d'enregistrement des doses (Radrec) répertorie les données pour tous les employés du nucléaire. L'Association pour les effets des radiations en charge du centre a d'ailleurs plusieurs fois rappelé à l'ordre Tepco qui a souvent omis de transmettre des informations ces dernières années. Chaque ouvrier doit ensuite effectuer un bilan médical de base avec des examens de sang, ophtalmologique, pulmonaire et cardiovasculaire. Ceux qui ont reçu une dose supérieure à 50 millisieverts bénéficient d'examens supplémentaires pour contrôler l'apparition d'une éventuelle cataracte. A la date du 30 septembre 2015, ils étaient 2 651 dans ce cas dont 1 863 sous-traitants. Et les ouvriers ayant dépassé les 100 millisieverts sont soumis à des batteries de tests pour déceler d'éventuels dysfonctionnements thyroïdiens et certains cancers (poumon, estomac, côlon). Mais là encore, aucun bilan global n'a été réalisé, ni publié à ce jour. Et cela ne manque pas d'étonner dans un pays doté d'une bureaucratie qui n'aime rien tant que classer, inventorier, ordonner, catégoriser à l'envi. Est-ce dû au manque de temps depuis 2011 ou à l'absence de motivation ?

Surtout, il semble bien qu'un écart existe entre la situation des employés de Tepco, avec ses grandes sociétés partenaires, et celle des manœuvres des sous-traitants. Si les examens de santé et les suivis sont généralisés pour les premiers, ils ne sont pas systématiquement imposés et bien organisés pour ces derniers, parfois aux mains d'entreprises peu scrupuleuses. Il est fréquent que les précaires du nucléaire passent d'une société à l'autre sans que tout le suivi administratif soit assuré. Il arrive également que des sociétés demandent à leurs ouvriers de s'acquitter des dépenses de santé. C'est ce qui est arrivé à Tetsuya Hayashi. Le syndicaliste et militant Saburo Kitajima a vu des manœuvres payer de leur poche des examens de santé quand d'autres étaient pris en charge par le ministère de l'Environnement pour passer des anthropogammamétries dans des camions itinérants. D'autres travailleurs, comme Shun Kirishima ou Yoshitatsu Uechi, disent n'avoir effectué aucun test médical malgré plusieurs mois de mission sur le site de Fukushima. Certains certificats et dossiers médicaux se sont révélés être des faux, comme l'a révélé Koshiro Ishimaru, le militant antinucléaire de Tomioka, aujourd'hui déplacé à Iwaki.

Ce système sanitaire à plusieurs vitesses, le bricolage des premières semaines de travaux d'urgence, les oublis et la grande omerta qui règne dans l'industrie nucléaire n'ont cessé d'alimenter la machine à rumeurs depuis 2011. Ainsi, la théorie du complot s'est aussi emparée des travailleurs du nucléaire. « 800 ont disparu de la centrale de Fukushima. (...) Ils peuvent avoir été tués ou sont morts pendant le travail », avec la complicité de « l'Etat Japonais et des yakuzas », peut-on lire sur des sites évoquant, sans citer leurs sources, le sort de « nombreux ouvriers » qui sont décédés dans « leur sommeil ou durant le week-end », sans être comptabilisés bien évidemment. Toute cette littérature n'a jamais vraiment pris au sein de la population japonaise qui suit d'un œil assez lointain la situation à la centrale. Parfois, c'est la comparaison avec Tchernobyl qui est brandie pour indiquer un bilan sanitaire forcément similaire. Mais bien qu'ils soient tous les deux classés au niveau 7, le plus élevé sur l'échelle internationale des événements nucléaires, Tchernobyl et Fukushima ne sont pas comparables. Au Japon, la catastrophe de 2011 a occasionné moins de rejets radioactifs sur une zone moins étendue et a exposé un plus petit nombre de travailleurs pour l'instant.

Alors, pas de danger à Fukushima ? Tout va très bien, madame la marquise ? En fait, de l'avis de nombreux médecins et radiobiologistes, il est encore trop tôt pour établir un bilan sanitaire de l'accident. Il sera probablement moins lourd qu'en Ukraine où plusieurs centaines de liquidateurs sont déjà morts depuis l'explosion de la centrale en 1986. « On sait très bien que Fukushima, en termes d'énergie émise, c'est dix fois moins que

Tchernobyl, rappelle le radiobiologiste français Nicolas Foray. Pour l'instant, il est effectivement trop tôt pour constater un effet. Les leucémies, les cancers de la thyroïde et les sarcomes (tumeurs) s'étalent dans le temps. Nous nous trouvons, en plus, face à une plus petite cohorte, à un plus petit nombre de personnes par rapport à Tchernobyl, avec une probabilité d'incidence de cancer plus faible. »

Le Comité scientifique de l'ONU sur les conséquences des émissions radioactives s'est livré à des estimations pour évaluer les risques des travailleurs de Fukushima. Chez les 174 personnes qui ont reçu plus de 100 millisieverts, « 2 à 3 cas de cancers additionnels pourraient survenir en plus des 70 cancers environ attendus en l'absence d'exposition ; cette augmentation du risque est faible comparée aux fluctuations naturelles et a peu de chances d'être détectable », synthétise l'Institut de radioprotection et de sûreté nucléaire (IRSN) qui travaille avec l'Unscear. « Chez ces mêmes individus, 1 cas de leucémie pourrait être induit par l'exposition. » S'agissant des 1 973 travailleurs ayant reçu une dose à la thyroïde supérieure à 100 millisieverts, l'IRSN avance que les « échographies faites chez ces personnes sont susceptibles d'augmenter très fortement la détection des cas constituant le taux de base et celle des cas de cancers radio-induits, par rapport au nombre de cas attendus sur la base des taux de base rapportés pour les non-exposés. Cependant, il est peu probable qu'une possible augmentation de l'incidence du cancer radio-induit soit détectable ». Les spécialistes de la radioprotection soulignent que la « probabilité d'un excès de maladies circulatoires » chez les personnes les plus exposées reste « très faible ». Mais, comme pour le risque de cataracte, ils mettent en avant le trop petit nombre de travailleurs concernés pour pouvoir se prononcer sur une possible hausse de l'incidence de ces maladies.

Ces estimations se fondent sur les enseignements de Hiroshima et Nagasaki. Et il est étonnant de constater combien les bombardements américains d'août 1945 restent encore le marqueur universel en matière de radio-protection. Soixante-dix ans après, on continue toujours à se référer à cette expérience en rappelant l'importance du seuil des 100 millisieverts. Hiroshima-Fukushima, les deux situations sont donc en partie liées et pas seulement par une sinistre rime. Les trois *hibakusha*, survivants des explosions d'août 1945 à Hisroshima et Nagasaki, que je rencontre en juillet 2015 en vue de raconter leur histoire dans les colonnes de *Libération* qui m'a envoyé dans le sud de l'Archipel pour commémorer le 70ᵉ anniversaire des bombardements atomiques américains, font tous les trois le lien. Sans que je leur en parle, ces miraculés évoquent le « poison du nucléaire » à Fukushima et redoutent les conséquences à long terme des rejets de la centrale dans l'air en 2011 et dans le Pacifique depuis cette date. Malades, le corps encore balafré pour deux d'entre eux, ils s'attendent à une multiplication des cas de cancer et de maladie. Pour eux, l'atome civil et l'atome militaire sont bien les deux facettes complémentaires d'une « redoutable entreprise de destruction humaine ». N'en déplaise aux autorités japonaises, soucieuses de scinder cet héritage, il est à leurs yeux impossible de ne pas faire un lien entre 1945 et 2011.

« Faute de mieux, on fait souvent le parallèle avec Hiroshima pour expliquer ce qui peut attendre les ouvriers du nucléaire. Mais l'exercice a ses limites, car l'irradiation n'est pas la même. Dans le cas de la bombe, il n'y a eu qu'une seule et forte exposition. S'agissant des ouvriers, c'est moins fort, mais c'est répété et sur une plus longue période », explique Saburo Murata. L'homme qui s'exprime cet après-midi dans le décor dépouillé d'une salle de réception en bois sait de quoi il parle. Depuis quarante-quatre ans, ce médecin radiologue suit l'évolution de la santé des travailleurs du nucléaire après avoir travaillé auprès des *hibakusha*. Il est parvenu à établir des rapprochements entre les symptômes des *hibakusha* et ceux des ouvriers des centrales nippones. « Fatigue, troubles de la vue, apathie, maladies digestives, respiratoires ou circulatoires, les symptômes sont les mêmes, les courbes sont les mêmes, constate Saburo Murata dans son service de radiologie de l'hôpital central Hannan à Matsubara, en grande banlieue d'Osaka. Mais on ne veut pas reconnaître l'importance des faibles doses auxquelles sont exposés les travailleurs. Dans l'opinion publique, il y a l'idée fréquemment admise que le corps humain s'habitue à des petites doses sur le long terme et, même, qu'il parvient à éliminer les traces de contamination, mais c'est faux. Il est difficile de prouver l'impact des faibles doses mais l'Etat doit reconnaître leur importance. » Toute sa vie, Saburo Murata s'est battu pour faire reconnaître les symptômes des travailleurs du nucléaire.

Le débat sur les faibles doses n'est pas anodin dans le cas de Fukushima où plus de 34 000 ouvriers ont été exposés à des taux inférieurs à 20 millisieverts. Cette question revient avec insistance depuis quelques années. Elle n'est d'ailleurs pas limitée aux centrales nucléaires mais concerne également les industries et les technologies utilisant des rayonnements ionisants, comme l'imagerie médicale. Radiobiologiste à l'Inserm, Nicolas Foray est spécialiste des effets des faibles doses. Il souscrit également aux limites soulevées par Saburo Murata sur le seuil de 100 millisieverts. « Il n'est pas pertinent en effet pour des doses faibles et répétées. Et si l'on a la moindre susceptibilité génétique, qui peut faire monter au moins d'un facteur 10 le risque, il est remis en cause. Pour des patients ou des ouvriers plus prédisposés au cancer, l'instabilité produite par les radiations aboutira plus vite et plus sûrement au cancer. »

Car chez certaines personnes, la répétition des expositions peut engendrer plus de dégâts sur l'ADN. « En cas d'irradiation, le plus grave dommage pour l'ADN est la cassure double-brin car elle favorise l'apparition de cancers si elle est mal réparée, détaille Nicolas Foray. Chez un être radio-résistant, il faut compter une heure pour réparer la moitié des cassures double-brin. Si la dose est répétée sur un temps court, l'ADN peut ne pas être réparé entièrement et l'irradiation suivante cause alors des dommages de l'ADN plus sévères qui s'ajoutent à ceux produits par la première. Les recommandations en vigueur partent du principe qu'il suffit d'additionner les doses en faisant l'hypothèse que l'effet final sera la somme des effets de chaque exposition. Or, il semble que des doses faibles mais répétées en quelques minutes ou sur une seule journée pourraient avoir un effet plus fort. C'est ce que l'on appelle l'effet LORD (Low and Repeated Dose Effect). Dans ce cas-là, 2 + 2 n'est pas forcément égal à 4 pour tout le monde. Quand on dit qu'un travailleur ne doit pas recevoir plus de 20 millisieverts par an, on parle de dose cumulée. Mais cela n'indique évidemment pas en combien de temps et de fois il a reçu ces radiations. »

Signe que la radiosensibilité individuelle suscite un débat, la Commission internationale de protection radiologique vient de créer un groupe de réflexion pour affiner les règles de radioprotection. Les ouvriers du nucléaire pourraient être directement concernés par ces réflexions et études épidémiologiques qui pourraient modifier leur activité et leur manière de se prémunir contre les risques de contamination. Sans parler des actions en justice qui pourraient en découler. Ceux de Fukushima-daiichi vont d'ailleurs faire l'objet d'une vaste étude dans les mois qui viennent. Le gouvernement japonais a donné son autorisation à la Fondation pour la recherche sur les effets des radiations (RERF) afin qu'elle suive l'état de santé des travailleurs de la centrale. Cette fondation nippo-américaine à but non lucratif est une émanation de la Commission de victimes de la bombe atomique (ABCC) fondée en 1947 par les Etats-Unis. Une fois encore, Hiroshima s'invite dans le débat. Une fois encore, l'évocation de la bombe résonne avec l'accident de la centrale. La RERF ambitionne de suivre 20 000 travailleurs, ceux qui sont intervenus entre mars et décembre 2011 au moment où le niveau maximal d'exposition avait été porté à 250 millisieverts. Mais au printemps 2015, la fondation peinait à convaincre les ouvriers de répondre à ses questions. Seuls 35 % d'une première cohorte de 2 000 hommes avaient répondu positivement. Nombreux étaient ceux qui refusaient de perdre une journée de salaire pour effectuer des tests de santé. La RERF doit composer avec le lourd passif de l'ABCC, quand les « Américains multipliaient les erreurs et les fautes, se promenant en jeep et en tenue militaire » dans une ville marquée par les bombardements, rappelle Jeffrey Hart, en charge de la communication dans les locaux de la RERF à Hiroshima. La commission n'a jamais dispensé de soins mais s'est chargée du suivi médical des survivants à des fins de recherche. « Les Japonais ont longtemps eu l'impression d'être des singes de laboratoire soumis à des batteries de tests. »

Aujourd'hui financée par les Etats-Unis et le Japon, l'organisation tente de redorer son blason en s'ouvrant à d'autres activités. Elle s'est engagée à suivre sur le long terme ces ouvriers pour juger de l'impact des radiations. Un immense chantier l'attend.

Jun Shigemura s'intéresse, lui, à la santé psychologique des travailleurs de la centrale. Il est l'un des rares professeurs de médecine à avoir eu accès aux seuls employés de Tepco qui sont d'ordinaires muets comme des carpes. La compagnie électrique, qui refuse à la presse le droit de les rencontrer, l'a autorisé à enquêter auprès de 1 400 salariés (1 000 de Fukushima-daiichi et 400 de Fukushima-daini). Depuis 2011, ce psychiatre avenant, qui travaille pour le Collège médical de la défense nationale à Saitama, a pris du temps pour ausculter et écouter ces ouvriers d'un genre particulier. Ils étaient aux avant-postes de l'accident et ont dû gérer la crise nucléaire qui a suivi le séisme et le tsunami. Associés à la compagnie responsable du chaos nucléaire, ils ont ensuite très souvent subi l'opprobre, les «insultes à répétition» et le rejet des communautés locales victimes de l'accident. Cette forte discrimination, cumulée à une «profonde détresse psychologique» et à un «stress post-traumatique accablant», n'avait fait l'objet d'aucune étude jusqu'alors. Spécialisé en psychiatrie et formé en partie aux Etats-Unis, Jun Shigemura n'hésite pas à comparer la santé psychologique des travailleurs de la centrale avec celle des vétérans de la guerre du Vietnam. Quand on le rencontre au printemps 2015, ce professeur vient de recevoir une bourse du ministère de la Santé, du Travail et des Affaires sociales pour poursuivre ses recherches sur l'état de santé mentale des employés de Tepco à la centrale.

«Ces gens ne vont toujours pas bien. La moitié d'entre eux ont cru qu'ils allaient mourir. En l'espace de quelques jours, ils ont dû faire face au séisme, au tsunami, puis aux contaminations. Certains ont dû courir pour échapper aux débris qui retombaient au sol après les explosions en série qui ont secoué les bâtiments des réacteurs. Je me souviens de l'un d'eux me disant qu'il n'était plus vivant. Un autre m'a confié être mort trois fois, à chaque explosion. »

Rigoureux et attentionné, Jun Shigemura explique combien l'environnement professionnel de ces travailleurs s'est dégradé après le 11 mars. Si ces ouvriers disposent depuis le printemps 2015 d'un centre de repos et d'un restaurant au sujet duquel Tepco n'a cessé de communiquer, ils « ont attendu plus de quatre ans pour bien manger et bien se reposer dans un milieu professionnel contaminé. C'est très long ».

Surtout, ces ouvriers ont été déclassés et sont devenus d'une certaine manière des laissées-pour-compte de la crise nucléaire. « Avant le 11 mars, ils représentaient l'élite des ouvriers et des cadres dans la région de Fukushima. Souvent bien formés, ils étaient bien payés, jouissaient d'une position sociale très en vue, avec un bon niveau de vie. En l'espace de quelques jours, ils ont tout perdu. » Dans le même temps, Tepco a augmenté la charge de travail et les responsabilités tout en taillant dans les salaires avec des baisses de l'ordre de 20 %. Ces ouvriers sont eux aussi devenus des déplacés de l'atome. On a oublié qu'ils étaient également des victimes. Nombreux sont ceux ayant perdu des parents et des amis. Ils sont restés parfois plusieurs jours sans nouvelles de leurs proches.

Leurs biens ont été emportés par la vague ou piégés par les radiations. Des couples se sont séparés. Ils sont devenus SDF dans leur propre ville, précaires dans leur propre métier, contraints à vivre dans une région avec des équipements et des infrastructures endommagés, à travailler avec la peur des radiations et un « niveau d'anxiété très élevé et de très fortes incertitudes sur leur mission », poursuit Jun Shigemura.

Un mal n'arrivant jamais seul, ces travailleurs ont été insultés, pris pour cibles parce qu'ils travaillaient pour Tepco, responsable de la crise et rattrapée par ses omissions et ses ratages en série. « Cette discrimination a joué un grand rôle dans la dépression et la démotivation des employés de Tepco, juge Shigemura. Signe d'un grand malaise, les employés demandaient à leurs enfants de ne pas dire où ils travaillaient. Eux-mêmes restaient évasifs lors des rassemblements sportifs ou associatifs des communautés villageoises. Pour ne pas être reconnus et ostracisés, certains ouvriers ne faisaient plus sécher leur combinaison de travail dans le jardin. Ils avaient peur que les voisins repèrent le logo de la compagnie électrique. C'est dire l'ampleur du rejet ! » Pour ces gens, jadis considérés comme l'aristocratie ouvrière, un monde s'effondrait.

9.

L'enfant de Fukushima

Il ne devrait pas être face à nous, attablé devant un café brûlant d'un restaurant de quartier d'Ueda, cette bourgade éteinte à 20 kilomètres au sud d'Iwaki. Si la catastrophe du 11 mars 2011 n'avait pas eu lieu, Akihiro Yoshikawa serait sans doute encore employé par Tepco et, ce matin, probablement dans les murs de Fukushima-daini, l'autre site géré par la compagnie électrique à 10 kilomètres au sud de Fukushima-daiichi.

Ces deux centrales établies sur la côte pacifique, cet homme les connaît comme sa poche. Il y a passé la moitié de sa vie à travailler. D'abord dix ans à Fukushima-daiichi, puis ensuite quatre à Fukushima-daiini. Des années qui comptent, qui forment, qui fondent une raison d'être sinon une existence. Originaire d'Ibaraki, il s'est installé avec sa femme dans cette plaine boisée et horticole en lisère de l'océan. Il a emménagé d'abord à Futaba, puis à Namie, un gros bourg aux portes de cette zone nucléaire. Sa maison se situe à 7 kilomètres de la centrale. Jusqu'au 11 mars, Akihiro Yoshikawa a vécu là en ouvrier dévoué, puis en cadre très investi. La famille, le travail, les amis, la maison, la mer, la campagne, tout était là. Tout était simple. La centrale était au cœur de cette évidence.

Akihiro Yoshikawa y travaillait comme cadre dans un groupe de managers en charge de la maintenance. Il contrôlait les outils de mesure de la radioactivité des déchets, des eaux contaminées, supervisait les indicateurs de niveaux d'eau dans la piscine de stockage des barres de combustible et dans le circuit de refroidissement des réacteurs, gérait les systèmes de filtre. En contact direct avec une dizaine de sociétés sous-traitantes, il commandait des travaux, des nouveaux équipements, se chargeait du suivi des opérations de nettoyage et des chantiers de remise en état après exploitation. Une fois par an, il organisait le nettoyage des installations avec des experts, des ouvriers qualifiés.

«J'étais fier de produire de l'électricité pour les grandes villes, le grand Tokyo. A cette époque, il y avait du budget pour bien faire les choses. Le système était bien géré, la relation entre Tepco et les sous-traitants était bonne. La compagnie ne cachait pas les choses et elle avait instauré une réelle culture de la sécurité. C'était une bonne société. Bien sûr, le travail était difficile. Comme cadre expérimenté, je connaissais les risques d'accident, de mauvaise manipulation. Je ne les ai pas découverts par hasard.»

C'est dit sans esbroufe, avec ce mélange de timidité, d'expertise revendiquée et de passion raisonnée qui caractérise cet homme posé de 34 ans aux lunettes sages et aux mains fines. Au départ de ma rencontre avec Akihiro Yoshikawa, il y a une photo sur le site Web de son ONG,

Appreciate Fukushima Workers dont m'a parlé un ouvrier. On y voit trois trentenaires emmitouflés dans des parkas devant une dizaine de cartons remplis de vêtements et d'objets. Ils vont livrer leur cargaison aux ouvriers de Fukushima luttant contre les contaminations et le froid de l'hiver 2013. A cette époque, ils sont peu nombreux à se soucier du sort des travailleurs du nucléaire. Quand je contacte Akihiro Yoshikawa, c'est encore l'hiver et il est trop occupé pour me voir. L'entrevue a finalement lieu un matin de juillet à Ueda, cette commune vieillissante et éteinte, quadrillée par des avenues tirées au cordeau et des mini-centres commerciaux proprets qui ont poussé entre la gare, les collines boisées et l'océan. Il a choisi un café cosy qui est fermé ce jour-là. Et pas de chance, rien d'ouvert en vue dans ce quartier endormi. Alors, l'entretien se fait dans la voiture. Il démarre sur la vie d'avant.

Parole mesurée et prudence raisonnée, Akihiro Yoshikawa ne manque pas une occasion de parler de l'avant-11 mars, cette époque qui dans sa bouche renvoie à une forme de simplicité et d'évidence, ce temps des certitudes heureuses qui remonte à l'enfance. Car Akihiro Yoshikawa est un enfant du nucléaire. Un enfant de ce Japon qui professait une foi aveugle dans le nucléaire civil. Un enfant qui doit tout à l'un des plus ardents défenseurs de l'atome dans l'Archipel, l'un des géants nippons de l'énergie qui était il y a quelques années encore le plus grand producteur privé mondial d'électricité. Akihiro Yoshikawa a été éduqué, employé, payé et même choyé par Tokyo Electric Power Company, Tepco.

Il a 15 ans quand il intègre le lycée Toden Gakuen à Tokyo comme on rejoint une grande famille. Cet établissement aujourd'hui fermé est alors géré par Tepco qui forme ainsi ses futurs employés qui lui sont ensuite redevables. Pour Yoshikawa, c'est une aubaine. Issu d'une famille très modeste, sans père, il est élevé par sa mère qui «se trouve dans une situation difficile financièrement». La famille n'a pas besoin de payer la scolarité, souvent onéreuse au Japon. Mieux, Tepco lui verse 30 000 yens par mois. «C'était comme si j'étais déjà un employé de la compagnie. C'était l'assurance d'une vie stable pour moi. J'ai appris à me débrouiller par moi-même et je pouvais même donner un peu d'argent à ma mère, se rappelle Yoshikawa en pudique prudent. En entrant dans ce lycée, j'étais sûr d'avoir du travail à la fin de ma scolarité.»

Les deux premières années, il suit le même programme que les autres lycéens et, en parallèle, des cours plus approfondis sur l'énergie électrique. La dernière est plus professionnalisante. Il doit choisir entre un cursus sur l'électricité thermique, hydraulique ou nucléaire. Il se décide pour cette dernière option. Il a 18 ans quand il finit sa scolarité à Toden Gakuen. Une carrière assurée et quasi toute tracée s'offre à lui dans une compagnie où la sécurité de l'emploi est garantie comme dans bon nombre de grands groupes japonais. Dans un pays toujours plus énergivore, pourquoi faudrait-il douter de l'avenir? Pourquoi s'interroger sur l'avenir du nucléaire quand, depuis les années 50, toute la classe politique, les milieux industriels et médiatiques, ce fameux village nucléaire nippon, vantent les mérites de l'atome, source de bienfaits et de prospérité pour les grandes villes comme pour les régions reculées? Pourquoi rejeter la culture populaire des mangas et des *anime* (films d'animation), à l'instar du petit héros Astro Boy mû par l'atome, qui véhiculent une image sinon insouciante, du moins avenante, touchante de la science, du progrès? Certes, il y a bien eu l'accident de Three Miles Island aux Etats-Unis en mars 1979. Mais au Japon, c'est surtout la catastrophe de Tchernobyl en avril 1986 que l'on mentionne. A l'époque, Yoshikawa n'a que 6 ans. Puis l'Ukraine, c'est tellement loin, un autre monde. L'accident est dû à une funeste erreur humaine, à un système défectueux dans un pays alors mal géré et un empire communiste en crise. Pourquoi faudrait-il que le Japon soit logé à la même enseigne avec son parc de réacteurs en bon état de marche, son industrie perfor-mante, son savoir-faire et son expertise? Alors en 1999, quand Akihiro Yoshikawa commence sa vie profes-sionnelle, Tchernobyl est sinon oublié, du moins rangé dans le passé de l'incurie soviétique. Il quitte Toden Gakuen et Tokyo. L'enfant sage de la province rejoint le Tohoku et la centrale de Fukushima-daiichi, puis daini. L'enfant solitaire s'est trouvé une seconde famille. Il est devenu l'un des maillons de ce village nucléaire. Il vivra douze ans ainsi, dans ce monde protégé des certitudes heureuses.

Le 11 mars 2011, cet ordre établi vacille, puis s'ef-fondre. Quarante-trois minutes après l'onde de choc de

14 h 46, la vague déferle à Fukushima-daini. Sur les rares images de cet instant qui existent, on voit des flots écumants envahir les parkings, les bâtiments. Ils culmineront à 14 mètres de hauteur. « Le tsunami est monté jusqu'au premier étage de la centrale. Nous venions d'arrêter une réunion de travail, juste après la grosse secousse. Pendant plus d'une heure, on a attendu que les eaux refluent. On est restés réfugiés à la centrale le temps que la situation se calme. Les répliques ne cessaient pas. Face à cette catastrophe naturelle, c'était la panique. Les bâtiments étaient très endommagés par le tsunami. On se demandait comment les villages construits sur la côte avaient résisté. » Akihiro Yoshikawa se remémore ces événements d'une voix presque monocorde qui témoigne plus d'un souci d'exactitude que d'un quelconque ennui. A plusieurs reprises lors de nos rencontres et de nos échanges par mails, il s'est méfié des simplifications, des raccourcis faciles et des « journalistes en quête de sensationnalisme ». Il a besoin de temps pour retracer avec précision toute la chronologie des événements, ne pas rester dans la critique. On le lui accorde volontiers. Il est si rare de voir un ancien cadre de Tepco désireux de parler.

Tepco offre la possibilité à ceux qui le souhaitent de rejoindre leur famille. Yoshikawa décide de rester avec ses collègues. Les employés sont alors mobilisés pour vérifier la situation des quatre réacteurs qui se sont arrêtés automatiquement. Ils réparent, déblayent, nettoient et sécurisent le site. Si, le 14 mars, les réacteurs de Fukushima-daini sont stabilisés et ont atteint l'arrêt à froid, ils ne savent rien ou si peu de ce qui se joue une dizaine de kilomètres plus au nord.

A Fukushima-daiichi, où l'état d'urgence a été déclaré deux heures après le tremblement de terre, la catastrophe s'emballe. La fusion des réacteurs a démarré. Le 12 mars, une explosion d'hydrogène ravage le bâtiment du réacteur 1, soufflant des pans de murs en béton et découvrant la structure en acier des étages supérieurs. Deux jours plus tard, le toit de l'unité 3 est soufflé par une autre explosion. Le 15 mars est une journée noire sur le site : explosion aux unités 4 et 2 et incendie dans le réacteur 4. Au portail d'entrée du site ravagé, 11 930 microsieverts par heure sont mesurés. Aux abords du réacteur 3, les compteurs s'affolent : 400 millisieverts sont enregistrés, soit, en une heure, 20 fois la dose annuelle autorisée pour les ouvriers du nucléaire. « La stratégie de Tepco à Daini était claire, se souvient Yoshikawa. Les chefs nous disaient : "Daiichi est en danger. Si tu veux rester, tu restes, mais si tu veux sauver ta famille, tu t'en vas." Tepco voulait mobiliser le minimum de personnel. »

L'évacuation des populations est demandée dès le 11 mars dans un rayon de 2 kilomètres. Puis, dès le lendemain, le Premier ministre Naoto Kan ordonne l'extension du rayon à 20 kilomètres de Fukushima-daiichi et à 10 kilomètres de Fukushima-daini. La région se vide de sa population. Des milliers de personnes abandonnent leur domicile, leur exploitation, leurs animaux. Ils ne savent pas encore qu'ils entament un voyage sans retour. Habitant de Namie où le nuage radioactif laissera de grandes quantités de radioéléments, Akihiro Yoshikawa laisse partir sa femme et ses beaux-parents pour Saïtama en grande banlieue de Tokyo le 14 mars. Lui reste. Le jeune cadre suit de près les opérations d'approvisionnement en eau pour le refroidissement des réacteurs puisque le système a été endommagé par le tsunami, et il commence à travailler sur le recyclage de l'eau contaminée. «J'avais peur de mourir à cause de la contamination. Nous étions très paniqués. Il y avait beaucoup de stress mais également de la motivation pour calmer la situation au sein des équipes de Tepco et des entreprises sous-traitantes», se remémore l'ex-cadre qui a fait partie des employés mobilisés pour boucher les aérateurs, les fenêtres et les portes avec du scotch. «Tous les ouvriers se disaient : "Si on laisse tomber, Daini risque de connaître la même situation que Daiichi."» Ce jour-là, il travaille dehors toute la nuit pour trouver une solution pour les eaux de refroidissement, allant débusquer des puits et des réserves d'eau douce. «J'étais bien contaminé et j'avais tellement peur. Même les forces d'autodéfense» – l'armée nippone – «ne sont pas venues nous aider. Mais nous avons finalement pu nous approvisionner et éviter la fusion.»

Passé la mobilisation de l'extrême urgence, les premières failles apparaissent chez Akihiro Yoshikawa. La catastrophe a tout déréglé dans son univers professionnel jusqu'alors bien rodé et organisé. La grande famille du nucléaire est soumise à très rude épreuve. «Bien sûr, les populations ont été chassées de chez elles à cause des radiations. Les ouvriers de la centrale ont été aussi les victimes de cette crise et souvent à double titre. La plupart vivaient dans la région et ont dû abandonner leur maison et, malgré tout, continuer à travailler au pied des réacteurs. Ceux qui étaient les plus expérimentés ont dû quitter leur emploi car ils ont vite été trop exposés.» Restés au chevet de la centrale ravagée durant de longues semaines, certains ont absorbé d'importantes quantités de radiations. 825 employés de Tepco ou de compagnies sous-traitantes ont reçu plus de 50 millisieverts entre mars 2011 et avril 2012. Ces données communiquées par l'opérateur de la centrale sont à prendre avec précaution. Il est très probable que les relevés aient été effectués dans l'urgence de l'intervention. Ils ne reflètent pas la situation réelle de tous les ouvriers, certains ayant partagé un dosimètre à plusieurs, quand ils n'ont pas sciemment omis de déclarer leur exposition pour rester de gré ou de force. Mais tôt ou tard, ils doivent se mettre au vert. D'autres ont préféré s'en aller par peur des radiations ou par refus des missions risquées et dangereuses. Les derniers n'ont pas accepté la «très mauvaise communication de Tepco avec des cadres qui expliquaient mal la situation aux ouvriers, quand ils ne mentaient pas tout simplement», se souvient Aikiro Yoshikawa.

L'ancien cadre formé à la maison mère, qui quatorze années durant a collaboré avec des experts de la sécurité, des électriciens expérimentés et des spécialistes du contrôle de la radioactivité, voit débarquer en masse une « main-d'œuvre peu ou pas qualifiée intervenant dans la construction et le bâtiment. On leur demandait de construire à la va-vite des réservoirs temporaires pour l'eau contaminée, des bâtiments, des réseaux de tuyaux, de nettoyer les décombres charriés par le tsunami et les dégâts du séisme et des explosions. Beaucoup de bricolage. Ça n'a pas encouragé les bons ouvriers à rester ».

Les spécialistes se font doubler par des urgentistes pas toujours conscients et informés des risques, prêts à s'exposer pour l'appât d'un petit gain. Il faut aller vite pour sauver le *Titanic* atomique de Fukushima-daiichi. Criblée de dettes et face aux demandes tous azimuts de réparations et d'indemnisations, Tepco revoit ses budgets d'intervention à la baisse. Elle sous-traite à tout-va en privilégiant le moins-disant social. « La compagnie n'a pas fait d'efforts pour les ouvriers. Il y a eu plein d'erreurs, de malfaçons et de travaux bâclés qui expliquent les pannes et les fuites en série. La mauvaise réputation et la terrible impression que les ouvriers étaient tous inexpérimentés et nuls ont rejailli sur tout le monde. »

Ce nivellement par le bas mine Akihiro Yoshikawa. Jadis fier de son travail, il se sent relégué, inutile, méprisé, mais il est probablement trop réservé pour l'avouer. Cette fierté bafouée s'exprime dans les reproches formulés à son ancien employeur. « Il n'y a pas que la centrale qui a été détruite, il y a aussi les infrastructures, les villages, les campagnes, les réseaux, la vie familiale et amicale, toute cette société qui existait autour des 20 kilomètres de Fukushima-daiichi. Tepco a la responsabilité de rétablir tout ça, d'aider ses ouvriers expérimentés qui vivaient tous autour de la centrale. » Devant son café, le jeune cadre se tait. Le regard s'échappe par la fenêtre qui donne sur un parterre d'arbustes rabougris et une rue déserte. Comme ses anciens collègues et amis, Yoshikawa n'a-t-il pas tout perdu pour de bon ?

Il dit parler au nom des autres, mais c'est d'abord à lui que l'on pense quand il raconte son histoire ce matin à Ueda, dans la moiteur de l'après-cyclone. Car le cadre de Tepco a connu une descente aux enfers après le 11 mars 2011. L'employé dévoué, l'enfant du nucléaire, devient la cible des déplacés de l'atome qui ont tout perdu et ne supportent pas les discours lénifiants sur la situation de la centrale, la minimisation des risques sanitaires, alimentaires, les omissions des responsables gouvernementaux et des agences de contrôle. Après douze années de bons et très loyaux services, Yoshikawa est devenu à leurs yeux l'un des suppôts de l'ordonnateur du chaos. Dans les quartiers, les rues, les entreprises, les communautés villageoises au Japon, tout se sait, a fortiori à la campagne, dans cette campagne qui a dû une partie de sa survie à la compagnie électrique mais qui en paye les frais aujourd'hui. Il est harangué : « Tu vas travailler jusqu'à ta mort ? » lui demande-t-on un jour. La fois d'après, la question n'est même plus de mise : « Casse-toi et meurs en buvant ta radioactivité. » Une de ses connaissances, employée elle aussi à la centrale, affronte des regards de haine et essuie des insultes, tout comme sa famille réfugiée dans un gymnase. A d'autres, on jette des ordures au visage. Alors, certains préfèrent cacher leur vrai travail pour ne pas exposer leurs enfants et leur femme à du harcèlement, à un rejet de la communauté, pour ne pas rajouter du mépris à une situation déjà difficile. Une certaine idée d'un Japon solidaire et uni face à la catastrophe a vécu.

Le temps des certitudes heureuses a définitivement sombré. Sans domicile fixe pendant sept mois puisque sa maison est à Namie en zone contaminée, il voit des collègues quitter la région, abandonnant maison et travail. «Dans ce climat, c'était dur de leur dire de rester. Je me suis rendu compte que je ne pouvais rien faire de l'intérieur pour changer la situation.» En juin 2012, désœuvré et esseulé, il démissionne et décide de venir en aide aux ouvriers. «Cette situation n'est pas de leur faute mais celle des managers de Tepco.» Il veut diffuser des informations sur la situation «inquiétante à la centrale», sur des travailleurs du nucléaire qu'il connaît bien, «corriger des fausses informations, en finir avec les rumeurs et surtout la discrimination à l'égard de tous ces ouvriers qui souffrent». Il cite le cas de l'un d'eux, déprimé d'avoir perdu son travail parce qu'il avait dépassé la dose limite, qui lui a dit au lendemain de son renvoi: «Ils nous utilisent, puis ils nous jettent.»

Seul dans un premier temps, Yoshikawa organise des réunions d'information dans la région de Fukushima et d'Iwaki. Puis, en novembre 2013, il créée l'association Appreciate Fukushima Workers avec des anciens camarades de lycée. Ils collectent de l'argent, des colis, des sous-vêtements, des chaufferettes pour l'hiver des ouvriers, participent à la revitalisation des villages autour de la centrale comme à Hirono où ils ont aidé un groupe d'habitants à vendre de l'huile d'olive.

Aujourd'hui réfugié à Ueda, il tente de refaire sa vie. Secret et réservé, il donne l'impression d'être seul et solitaire, un peu à l'image de ces ouvriers que j'ai croisés tout au long de ce voyage, à la fois immergés dans le quotidien et souvent ailleurs, le regard absent. Il a troqué son uniforme bien repassé de cadre pour un banal jean-chemise-pull. L'anonymat du quotidien s'est substitué à la tenue griffée de la firme Tepco. Son ordinateur portable Lenovo ne le quitte plus. Il l'ouvre pour expliquer ses missions et celles de son association, Power Point à l'appui. Il prend son temps, la parole se libère, les mains soignées s'agitent. Pédagogue, précis, poli, prudent à l'égard des médias « qui recherchent souvent le sensationnel », Yoshikawa veut convaincre. Tout n'est pas forcément irrémédiable, perdu, désespéré, pour peu que l'on change de pratiques et d'état d'esprit. Vaste programme. L'employé modèle s'est converti aux bienfaits de l'aide humanitaire et de l'action citoyenne en quête d'harmonie. Il prône l'implication de tous, un meilleur partage des missions et des rôles entre Tepco et ses sous-traitants, l'Etat et les collectivités locales. Il préconise un nouvel environnement pour les ouvriers dans les villages environnant la centrale avec la construction de logements, de centres de loisirs, de magasins, de restaurants, la réouverture d'administrations, d'hôpitaux. « Depuis deux ans, il est possible de vivre à Hirono, mais seulement 30 % des habitants sont revenus. La majorité des travailleurs continuent à faire la route entre Iwaki et la centrale et perdent trois heures chaque jour. Ça n'a pas de sens. »

Les régions désertées n'offrent guère de perspectives de travail en dehors de la décontamination et du démantèlement des réacteurs de Fukushima. « Les jeunes ne vont pas revenir et ceux qui resteront n'auront pas d'autre choix que d'aller frapper à la porte de la centrale, vous imaginez leur motivation. On ne peut continuer comme ça pendant le démantèlement du site qui va prendre quarante ans sous peine d'aggraver le problème de manque de main-d'œuvre. »

Derrière ses fines lunettes, Akihiro Yoshikawa constate, liste, planifie et recommande. Son Power Point est simple et pédagogique comme la sage copie d'un cadre modèle. En modéré tiraillé, il a gardé un pied dedans, un pied dehors, sans jamais couper les ponts avec son ancienne famille. Il est toujours en contact avec Tepco qui cite son action en exemple et l'autorise à se rendre à J-Village pour distribuer ses colis, rencontrer les travailleurs. Probablement conscient de ce qu'il doit à la compagnie électrique, il n'est pas devenu le vilain petit canard de la famille. Quand je lui demande si tous ces événements qui ont chamboulé son existence ont fait de lui un citoyen antinucléaire, il marque un temps d'arrêt, affiche un sourire gêné. Il faut un peu insister. « Ce n'est pas facile à dire. Je connais tellement de gens qui vivent de la centrale, qui y travaillent. J'y ai des amis, des collègues. » Il regarde par la fenêtre du bar, reste silencieux une poignée de secondes et revient vers moi : « J'espère qu'il n'y aura plus d'énergie nucléaire dans ce pays. » L'enfant du nucléaire est devenu un désabusé de l'atome.

10.

L'ancien apôtre de l'atome

Il est l'un des pères encore vivants du nucléaire à Fukushima. Yukiteru Naka est le président d'honneur de la société Tohoku Enterprise Company (Teco). Au tout début des années 70, il est arrivé dans les cartons du géant américain General Electric qui bâtissait les réacteurs 1 et 2 et plus tard la 6e unité. Il est resté dans la région comme l'un des ingénieurs clés de la centrale, principale cheville ouvrière de la filière dans le Tohoku. Avant d'en être victime. Cet après-midi, il m'a donné rendez-vous à Teco, en périphérie d'Iwaki.

Je m'attends à trouver un entrepôt avec des enseignes lumineuses, un vaste parking, des ouvriers affairés et des camions de chantier, mais c'est une grande bâtisse carrée et anonyme que je découvre à l'angle d'un feu tricolore. Coiffé d'un dôme de ciment blanc qui lui donne une apparence de gros champignon de béton, le siège de Teco est hébergé dans un ancien restaurant ceinturé de baies vitrées dans le quartier de Yokodai. A moins d'un kilomètre des rives de l'océan Pacifique d'où souffle le vent du large vers les pentes arborées, nous sommes dans la partie résidentielle et verte d'Iwaki. Seuls les cris des rares enfants qui sortent de l'école, se rendent au square et au terrain de jeux viennent rompre le silence de cet endroit aux allures de ville endormie. Un restaurant de quartier, un bois, un étang, une mini-clinique et des petits commerces jouxtent Teco.

Depuis la catastrophe, cette société de maintenance et d'équipement de construction a rapatrié ses locaux à Iwaki. Ceux de Tomioka sont situés en zone interdite et contaminée, à une poignée de kilomètres de Fukushima-daiichi. De ces beaux bâtiments de bois et de pierre abandonnés mais toujours debout, je ne verrai qu'une grande photo que Yukiteru Naka a accrochée sur l'un des piliers près de la porte d'entrée de son nouveau QG et qu'il montre à ses visiteurs. Sur un placard, une étiquette en guise de pense-bête a été collée pour «ne pas oublier de retourner à Tomioka», indique le message qui a valeur de feuille de route. Tomioka-Iwaki, aller-retour. Passé-présent. Yukiteru Naka oscille sans cesse entre ces villes, entre l'insouciance d'avant et l'exil d'aujourd'hui, entre l'écran de l'iPad où défilent les photos-souvenirs de Tomioka et ces bureaux temporaires hébergés dans cette grande salle de restaurant.

Quand Yukiteru Naka pénètre dans ces locaux, la dizaine d'employés présents se lèvent pour saluer en s'inclinant le président d'honneur et père fondateur de Teco. En vrai patriarche de la maison, il prend aussitôt ses aises. Il se déchausse avant de se glisser dans les chaussons de tissu qui lui sont réservés. Même si le fiston Yoichiro a repris les rênes de la société créée en 1980, le père a gardé ses habitudes et ses manières de faire au siège de la société. Ce petit homme rond et jovial nous accueille avec une poignée de main franche dans un anglais alerte. Au moment du départ, il nous gratifiera d'une tape amicale sur l'avant-bras. Geste très inhabituel au Japon où les contacts physiques appartiennent à la sphère intime et où la réserve est de mise, surtout pour un premier rendez-vous. A cet instant, Yukiteru Naka n'a pas grand-chose du patron japonais, souvent distant et prudent. Il a gardé de ses années passées chez General Electric entre l'Illinois et la côte Ouest un côté volubile et direct, avec des attitudes et des accents d'Américain qui détonnent dans cette plaine rizicole du Tohoku. Je mesure combien ces manières avenantes ont dû faciliter les rencontres et lui permettre de mettre de l'huile dans les rouages des relations humaines dans cette contrée rurale. Il avale des litres de café chaud, parle sans relâche dans les volutes de ses Mevius brunes, jongle entre un téléphone portable et un iPad, navigue entre le japonais et l'anglais. Même si les années, le stress et la fatigue ont laissé des traces, comme en témoigne le sonotone caché derrière l'oreille, cet ingénieur pragmatique ne s'embarrasse pas de circonvolutions pour dire le fond de sa pensée.

L'ancien apôtre de l'atome était devenu un pessimiste actif que l'accident de Fukushima a renforcé dans ses convictions. Car Naka n'a pas découvert les risques et les dangers de l'atome en 2011. «Si j'avais été seul, j'aurais tout fermé il y a maintenant vingt ans et je serais devenu pêcheur. J'ai été témoin de trop de pannes et d'incidents inquiétants à Fukushima-daiichi et daini. Mais j'ai des employés, tous originaires du coin, qui ont besoin de vivre, alors je continue. » Peut-être que le patriarche Naka revisite aujourd'hui le passé avec la tentation de le réécrire. On peine à imaginer cet homme plein d'entrain s'embarquer seul en mer sur un rafiot de fortune, mais il semble sincère en retraçant son expérience d'entrepreneur qui s'est achevée sur un constat d'échec.

Teco emploie aujourd'hui 56 personnes et une trentaine de CDD chargés d'intervenir dans des opérations de contrôle de sécurité, d'entretien, de maintenance et de gestion de crise sur des chantiers de construction et d'exploitation industrielle à risque. Elle importe et vend des équipements de mesure, de pompage, de stockage et de nettoyage. Son cahier des charges et ses trente-cinq ans d'expérience ont fait d'elle un partenaire privilégié du géant Tepco dont elle est devenue, au fil des années, un sous-traitant direct. Ses ouvriers sont des experts recherchés de la filière nucléaire et Naka veille sur eux comme sur ses propres enfants. Dans un premier temps, il ne souhaite pas que je les rencontre, par crainte de les exposer à la vue de tous, de faire apparaître sa société comme celle qui brise la « grande solidarité en vigueur dans le milieu du nucléaire », où règnent la prudence et la méfiance qui signifient souvent silence au Japon. Un jour, après un échange de courriels, il accepte toutefois de nous les présenter à condition que l'interprète Ryusuke et moi respections leur anonymat. Puis il se ravise à nouveau quelques semaines plus tard. Deux ouvriers viennent de trouver la mort à la centrale et tout est devenu «plus compliqué», explique Naka. Retour à la case silence.

La réputation de l'entreprise et de ses hommes est en jeu et le patron n'oublie pas que ses travailleurs ont payé le prix de leur engagement : l'un d'eux a été victime d'un accident du travail et 7 autres, qui intervenaient régulièrement à Fukushima-daiichi, notamment pour former des cadres de Tepco, ont atteint les 100 millisieverts d'exposition dans les mois qui ont suivi la crise de 2011. «On les a transférés vers d'autres sites pour les protéger.» Dans le langage nucléaire, on dit qu'ils se sont mis au vert. «Vous savez, c'est comme à la banque avec les économies qu'il ne faut pas dilapider tout de suite, rationalise Yukiteru Naka en bon père de famille. Nous devons faire attention à ne pas exposer les ouvriers trop vite et pour des opérations secondaires. Il faut que nous gardions une marge de manœuvre en cas de crise et, comme on ne sait finalement pas grand-chose sur l'effet des faibles doses, il est préférable d'avoir des niveaux bas.»

Alors le président Naka gère les «réserves» et surveille son capital. Après une rasade de café, il se lève et ouvre une armoire métallique pour en extirper un gros classeur. Apparaissent des relevés, des tableaux, les noms des ouvriers de Teco avec leurs taux d'exposition annuelle et de contamination interne. L'index parcourt des lignes de chiffres qui s'enchaînent au fil des mois. Naka suit de très près la situation de «trois personnes importantes pour la centrale et Tepco : un électricien spécialiste du nucléaire, un opérateur chargé du contrôle des réacteurs et un expert certifié en maintenance de centrale électrique ». Ces trois-là, âgés de 40 à 45 ans, sont la valeur ajoutée de Teco, la preuve de son expertise, assure Naka qui défend ce savoir-faire quand tout tend vers le moins-disant sécuritaire, l'intervention au rabais, l'opération expédiée à la va-vite sur le site ravagé. Dans cette course à la rentabilité, il fustige le bricolage en cours depuis « l'arrivée des sociétés de construction et de leurs ouvriers qui, pour la plupart, ne connaissent rien aux métiers du nucléaire. Même parfois pour des gestes et des chantiers simples, il y a un manque criant d'expertise et de précision qui sont cruciales dans cette filière. C'est pour ça qu'il y a tant de pannes et de fuites sur les réservoirs d'eau contaminée, sur des kilomètres de tuyaux en vinyle. Il n'y a pas eu assez d'attention et de vérifications. C'est inquiétant car nous sommes dans une situation précaire qui dure, avec des équipements temporaires qui, encore aujourd'hui, rendent l'installation instable ». Et tant d'incertitudes demeurent sur l'état réel des réacteurs 1, 2 et 3 entrés en fusion en mars 2011, et sur l'avenir du démantèlement du site qui prendra des décennies.

Cette fois, c'est l'ingénieur qui s'exprime et s'affiche à la fois en technicien attentionné et en passionné zélé. « Entraînement de barres de contrôle, système d'excitation, pompe de recirculation », les termes sont techniques, précis et renvoient à des événements passés que Yukiteru

Naka a consignés depuis les années 70. Il dit avoir été témoin de « situations anormales, de défauts de fabrication, de mauvais entretien, de petits accidents à 90 % d'origine humaine ». Il n'a pas oublié un incident survenu au réacteur 3 de Fukushima-daini en décembre 1988. « Une turbine dans une pompe de recirculation est tombée en panne et un morceau de métal a pénétré dans le cœur du réacteur. Après avoir détecté des vibrations anormales au niveau de la pompe et du moteur, j'ai vite conseillé à Tepco de réduire la puissance de sortie. On m'a répondu que c'était impossible car c'était la fin de l'année et que les besoins en électricité étaient importants. J'ai vraiment eu du mal à dormir, raconte Naka en revivant ses craintes. J'ai répété le même message pendant un mois. J'ai été réellement soulagé quand Tepco a finalement décidé d'arrêter l'unité pour entreprendre des travaux qui ont duré près de deux ans. J'avais peur que la pièce endommage l'enceinte de confinement du réacteur. Les réacteurs à eau bouillante comme ceux de Fukushima requièrent des ingénieurs très expérimentés et des ouvriers qui doivent toujours arpenter le site les cinq sens en éveil. »

Yukiteru Naka sait de quoi il parle. Il est le premier au Japon à avoir traduit le livret d'instruction des réacteurs à eau bouillante, les REB. L'ouvrage recouvert d'un tissu d'un rouge poussiéreux dort d'ailleurs sur le haut d'un placard au siège de Teco. Il date des années 70. Naka était alors employé de General Electric (GE). L'ancien natif d'Okinawa, qui avait dû quitter son île et cesser son militantisme contre la présence des GI, faisait le tour du monde en tant que mécanicien sur un cargo quand un Américain, ancien ouvrier d'un sous-marin nucléaire, lui a suggéré d'aller frapper à la porte de GE aux Etats-Unis. Il est pris, bûche dur, s'initie à l'énergie nucléaire treize mois durant au centre d'entraînement des réacteurs à eau bouillante dans l'Illinois. Puis, il file à la division nucléaire de GE à San Jose en Californie. De retour au Japon, il arrive à la préfecture de Fukushima en 1973. A Fukushima-daiichi, le réacteur 2 est en cours de test. Les travaux préparatoires pour l'unité 6 viennent de démarrer. Ingénieur, expert sur les réacteurs à eau bouillante et s'exprimant aussi bien en anglais qu'en japonais, l'ex-marin mécano devient vite incontournable dans cette région rurale qui s'ouvre au nucléaire et à l'étranger. Des employés de GE s'installent dans la région. Le passeur et médiateur Naka joue les *go-between* entre les populations locales et les familles américaines, entre le monde de la rizière et celui de l'atome civil. A son domicile, il organise des soirées et des fêtes pour que « les communautés apprennent à se connaître et que cesse la méfiance ». C'est l'époque où l'industrie nucléaire nippone se construit sous le patronage américain de GE. C'est vrai à Fukushima comme dans les préfectures qui accueillent de plus en plus de centrales dans ces années 70 et 80. Tepco, pilier du puissant village nucléaire japonais, « manœuvre et travaille l'opinion pour faire accepter la centrale et défendre l'idée qu'elle est sûre », rappelle Naka. Des millions de yens sont déversés sur les collectivités locales pour les aider à se développer, à accueillir de nouveaux habitants, de nouvelles industries et à « acheter leur confiance ». Militant antinucléaire à Tomioka, Koshiro Ishimaru évoque tous les avantages dont les habitants bénéficiaient. « Avant, ils devaient aller travailler à Tokyo ou dans le Nord pour gagner leur vie l'hiver. Avec l'arrivée de 1F, ils n'ont plus eu besoin de se déplacer. Ils gagnaient 250 000 yens (1 800 euros). Je me souviens d'un patron de bar me disant qu'il avait presque honte de gagner autant grâce aux ouvriers. »

Au Nouvel An, les enfants reçoivent l'*otoshidama*, une enveloppe d'étrennes. Des cours de langue anglaise sont organisés avec le concours des travailleurs américains présents dans la région. « Les autorités locales et Tepco invitaient les habitants à des réunions d'information et disaient que la centrale n'était absolument pas dangereuse. Comme nous n'étions pas des spécialistes, nous n'avions rien à redire à tout cela. Et puis il faut dire que c'était assez facile de nous convaincre d'accepter la centrale, la région était très pauvre. On avait l'habitude de dire d'Okuma [l'une des deux villes qui hébergent la centrale] qu'elle était le "Tibet de Fukushima" car il y avait beaucoup de journaliers qui ne mangeaient pas à leur faim », se souvient Shoichi Shirato. Aujourd'hui réfugié à Iwaki, cet ancien fonctionnaire à la retraite a été en charge de la promotion de la centrale pendant dix-sept ans à la mairie de Tomioka. Ironie de l'histoire, il était en partie chargé de suivre de près les agissements de Koshiro Ishimaru. Mais ce dernier était bien seul alors. « On pensait que ça nous apporterait du bonheur et du travail.

Nous étions de la génération Astroboy et nous pensions vraiment qu'il n'y avait rien de nocif dans cette énergie », poursuit Shoichi Shirato. Pour promouvoir le nucléaire et faire des adeptes, les autorités n'hésitent pas à frapper aux portes pour proposer du travail. « Ils ont recruté les enfants des parents qui s'opposaient au nucléaire. Et ils leur offraient des salaires alignés sur ceux de Tokyo alors que l'on était à la campagne. Ces jeunes avaient un très bon niveau de vie. Tepco avait un énorme pouvoir pour créer des emplois. Et, à l'époque, c'était tabou de critiquer Tepco. » Shoichi Shirato a heureusement oublié ces consignes et ne se prive pas aujourd'hui de dire tout le mal qu'il pense du nucléaire et du danger des radiations. Quoi qu'il advienne de son ancien village, il ne veut plus remettre les pieds à Tomioka qu'il considère comme trop dangereux. Quelques minutes après ses critiques, son immeuble est pris d'une longue et désagréable oscillation horizontale qui fait tinter les verres et les tasses. La terre vient de trembler au large de Sendai et Iwaki a bien ressenti la secousse. Shoichi Shirato allume la télévision dont les chaînes viennent d'interrompre leurs programmes pour suivre l'évolution d'un tsunami sans ampleur. Ses craintes trouvent confirmation et lui font tourner le dos au passé.

Dans les années 60-70, Fukushima devient en partie la centrale des Américains, même si les conglomérats japonais Toshiba et Hitachi ont construit la moitié des réacteurs. L'un des témoignages de cette présence, qui n'a rien d'anecdotique, est visible aujourd'hui au cimetière attenant au temple bouddhiste de Hosenji, à 8 kilomètres au sud de Fukushima-daiichi. Là, reposent les cendres d'Edward Cook, un natif de San Jose en Californie, ancien de General Electric. Arrivé au Japon en 1968, il a passé trois ans comme manager de GE à bâtir le réacteur numéro 1 avant de repartir pour les Etats-Unis. Il vivait à Yonomori, un petit village des environs de Tomioka. C'est dans cette région qu'il a souhaité être inhumé. «Je veux faire partie de cette terre pour aider à faire pousser de belles fleurs», a-t-il confié à ses proches avant de mourir en 1979.

A plusieurs reprises, Yukiteru Naka s'est rendu sur la tombe de Cook en allant travailler. Et depuis mars 2011, il n'a jamais cessé d'œuvrer pour que la centrale soit à nouveau sous contrôle afin que la sépulture soit accessible à tous. Comme Cook, Naka est attaché à ce Tohoku rural et sauvage. L'enfant d'Okinawa, cette autre région reléguée aux confins de l'Archipel, et aujourd'hui encore occupée par des troupes américaines plus de soixante-dix ans après la fin de la Seconde Guerre mondiale, redoute que Fukushima soit abandonnée et que ses habitants deviennent des citoyens de seconde zone délaissés par Tokyo.

Les derniers éclats de lumière orangée s'évanouissent, le jour touche à sa fin. Le soleil vient de passer derrière la colline Yokodai, laissant la pénombre s'emparer des locaux de Teco qui se sont en partie vidés de leurs employés. Dans les tasses, le café est froid. Inlassablement, Naka parle de responsabilité et c'est le mot culpabilité qu'il faut entendre. Ce fardeau qu'il porte depuis quarante ans et qui s'est alourdi depuis 2011. L'ingénieur qui se rêvait pêcheur vit évidemment mal l'après-Fukushima. Il regrette d'avoir pressenti le danger, d'avoir compris qu'une erreur humaine et des négligences pouvaient causer des problèmes, mener à des accidents graves, et de n'avoir pas été entendu. «Je n'ai pas réussi à préserver la sécurité qui devait être sauvegardée à tout prix. Notre village et nos maisons ont été endommagés et la vie des habitants a été bouleversée. Je me sens grandement responsable pour tout cela.»

Il a eu peur pour ses ouvriers, tous de la région et presque tous décidés à prêter main-forte aux équipes de Tepco pour tenter d'éviter le pire. «Ils m'ont dit qu'ils ne pouvaient pas abandonner leur région natale et m'ont demandé de les laisser aller travailler à la centrale. J'en ai eu les larmes les yeux.» Après la catastrophe, Naka loue une voiture pour transporter ses employés, s'occupe des ravitaillements en petits pains et en conserves. Il s'empresse de leur trouver un hébergement dans des refuges de fortune, se démène en urgence dans le chaos ambiant, scrutant les niveaux d'exposition aux radiations dans une centrale bringuebalante. Il voit partir deux de ses gars, jeunes pères peu désireux d'exposer leur famille au risque radiologique après avoir déjà enduré le séisme et le tsunami. Il comprend parfaitement leur décision. Dans le même temps, il contacte General Electric, son ancien employeur, pour lui demander d'envoyer des experts à Fukushima. GE se dit prête à intervenir.

Mais à en croire Naka, le gouvernement et Tepco traînent les pieds. Comme nombre d'experts et de responsables politiques, l'ingénieur fustige leur gestion dans cette crise.

« Les entreprises du nucléaire et les gouvernements ont toujours tendance à minorer les dangers, résume Naka en tirant sur sa Mevius. Pourtant, il y a eu des accidents bien avant le 11 mars 2011 et des événements qui auraient dû alerter les autorités japonaises. Rappelez-vous le tsunami en Indonésie en 2004. Les risques étaient connus, envisageables au Japon où tant de centrales sont bâties sur le littoral. Après l'arrivée de la vague en mars 2011, on a vu ce qui s'est passé avec les pompes d'alimentation en eau, les groupes électrogènes et les installations inondées à Fukushima-daiichi et daini. »

Nulle trace d'énervement dans ce constat. Yukiteru Naka n'a probablement plus l'énergie, ni l'envie pour ça. Pour l'avoir croisé à plusieurs reprises, l'avoir lu, j'ai le sentiment que cet homme à l'automne de sa vie n'est pas dans la vindicte, plutôt dans l'analyse, une quête de sens, comme le manager Yukio Shirahige. Il préfère raconter à la « presse étrangère » ce qu'il a vécu ces dernières années, soucieux probablement de laisser une image qui ne reflète pas seulement ses années d'ingénieur et de patron tout entier dévoué à la cause de l'atome civil. Il ne veut plus rien dire aux médias japonais depuis qu'une télé l'a censuré. Dans une courte interview, il avait glissé que « Fukushima était une catastrophe causée par la négligence humaine », un constat pourtant formulé noir sur blanc par une commission d'experts japonais.

A la diffusion, la phrase avait été coupée. Voilà pourquoi il revient à nouveau sur la « grande solidarité en vigueur dans le milieu du nucléaire ». Cet unanimisme lénifiant et cette confiance parfois irraisonnée au sujet de la sécurité de la filière, sur le refus jamais formulé, mais réel et répété, de « mener un débat ouvert sur les centrales nucléaires ». « Je ne suis pas vraiment qualifié pour discuter des avantages et des inconvénients des centrales parce que j'ai vécu toute ma vie dans ce secteur, souligne-t-il. Mais en revanche, je tiens à dire que le public a le droit d'avoir des informations précises sur l'énergie nucléaire qui peut menacer leur vie. C'est un principe de base, même si les réacteurs doivent être relancés. »

Naka poursuit son raisonnement à la fois en pragmatique lucide et en patron avisé. Il ne comprend pas que le gouvernement, au nom d'un credo pro-atome et d'un sauvetage tous azimuts de l'économie japonaise, envisage de relancer des centrales au Japon et de vendre cette industrie nippone à l'étranger alors que les enquêtes sur les causes de la catastrophe ne sont pas achevées, que les effets de l'accident se prolongent. « Quand on construit des centrales, il est important de savoir comment se débarrasser des déchets radioactifs et du combustible nucléaire usé, explique Naka. Il est également nécessaire de penser à des mesures antiterroristes. Tant que l'on ne répond pas à ces exigences, notamment au Japon, il est impensable d'exporter des réacteurs nucléaires. »

Du plat de la main, Naka caresse son vieux livret d'instruction des réacteurs à eau bouillante avec ses schémas jaunis et ses notes techniques touffues. A côté, l'iPad affiche la photo d'un jardin verdoyant de légumes devant une vue large ouverte sur l'océan. C'est le panorama qui s'offrait à Yukiteru Naka tous les jours depuis sa maison de Tomioka, située à 2 kilomètres de Fuksuhima-daini. Le 11 mars 2011, le patron de Teco a vu la vague noire frapper la centrale de Tepco, avant que le nuage radioactif ne l'oblige à tout abandonner.

11.

Genshimura, *le village nucléaire*

La porte de l'ascenseur s'est ouverte sur un vestibule à la lumière blafarde. Sur le sombre lino ciré, des halos se forment à la verticale des néons, bientôt avalés par l'ombre vaporeuse. Cette pénombre enveloppante procure un curieux sentiment de fin de journée, de nuit laborieuse autant qu'elle invite au silence. Il est tôt pourtant ce matin au ministère de l'Economie, du Commerce et de l'Industrie (Meti). Malgré le travail affairé des fonctionnaires, l'éclairage est limité au strict nécessaire. Comme le reste du Japon, le Meti doit donner l'exemple et montrer que lui aussi procède à des économies d'énergie drastiques. Comme un seul homme, l'Archipel essaye de se passer du superflu. Il tente de se convaincre qu'il n'est plus ce pays frénétiquement consommateur et terriblement énergivore, aux enseignes incandescentes de Shinjuku et d'Osaka, aux magasins et *patchinko* bombardés de néons et de décibels, aux mégalopoles éblouissantes même aux heures les plus creuses de la nuit, quand l'obscurité s'est évanouie.

Depuis Fukushima et l'arrêt du parc nucléaire qui comptait 54 réacteurs d'une capacité installée de 47,5 gigawatts (contre 63 en France), on a certes réduit la cadence des climatiseurs et des chauffages, démonté des éclairages et des lampes, stoppé des ascenseurs et des escaliers inutiles. A l'été 2011, l'Archipel est même parvenu à réduire sa consommation d'énergie de 20 %. En urgence, il fallait pallier la perte de 27 % de la production d'électricité d'origine nucléaire et éviter de plomber une balance commerciale déficitaire avec une explosion de 50 % des importations de charbon, fuel et gaz liquide.

Il y aurait fort à faire encore pour que ces efforts ne soient pas seulement quelques gouttes sauvées dans un océan de gabegie électrique. On va dire que c'est l'intention qui compte. Elle ne se manifestera pas longtemps. On continue à affronter des chocs thermiques quand on quitte la fraîcheur vive d'un taxi pour s'immerger dans la moiteur tropicale d'une journée de juillet ou lorsque l'on est cueilli par la brise neigeuse au sortir d'un bureau étuve. Voilà d'ailleurs pourquoi ce matin de février, je maudis le rhume tenace qui me ralentit dans les rues de Tokyo. Pour l'instant, le Meti s'est donc mis au régime sec. Question de devoir et de responsabilité. Existe-t-il au Japon une administration qui devrait davantage donner l'exemple dans l'après-11 mars 2011 ?

A droite de l'ascenseur, se dérobe un long couloir aveugle aux portes closes. Une seule est ouverte. Elle donne sur une salle de réunion avec tables en U et chaises rangées. J'ai rendez-vous avec un couple jeune et sage, un homme et une femme. Quand je les rencontre en février 2013, ils travaillent tous deux à l'Agence pour l'énergie et les ressources naturelles qui dépend du Meti. Lui, Nobuhiro Komoto, est le directeur adjoint de la division en charge de la planification de l'énergie nucléaire. Elle, Rui Suzuki, est l'assistante du directeur. Comme dans 99 % des administrations et des entreprises japonaises qui carburent à la testostérone et obéissent au modèle patriarcal, le chef est un homme ; le second est une femme. Assistante, adjointe, collaboratrice, c'est selon, mais toujours en retrait, sinon en coulisse. Et le Meti ne fait pas exception. Rui Suzuki n'est pas moins informée, pas moins compétente que Nobuhiro Komoto. Elle apparaît même plus polyglotte et délurée que son supérieur. Mais c'est lui qui parle en premier, mène la conversation, et n'hésite pas à lui demander des précisions quand certains chiffres et détails administratifs lui échappent.

A la japonaise, on échange nos cartes de visite en guise de préliminaires. Passé ce rituel immuable, on pénètre soudain au cœur du village nucléaire en une seule question surprenante de franchise dans un pays où l'évitement est souvent de mise et l'expression ambiguë une règle de savoir-vivre. « Vous êtes pour ou contre l'énergie nucléaire ? » me demande-t-il. L'interrogation a valeur d'interpellation. Elle désarçonne. Rétrospectivement, je me souviens de ce passage sur le langage dans le beau livre *Enigmatique Japon* d'Alan Macfarlane. Au Japon, « la pensée binaire est généralement considérée comme une abomination, en particulier quand elle a le pouvoir potentiel de polariser l'opinion », écrit l'anthropologue britannique. Je ne peux pas m'empêcher de sourire.

On n'est pas complètement au Japon ce matin, mais dans un rendez-vous d'affaires où l'on ne s'embarrasse pas de manières. Peut-être que l'on se permet plus de choses avec un *gaijin*. Pourquoi pas? Mais de l'aveu d'un ami journaliste japonais à qui je raconte la scène, «cette formulation directe, c'est familier et violent».

La question est formulée sans ambages, ni circonvolutions. Elle appelle une réponse aussi directe et définitive, qui ne viendra pas. Les interrogations comminatoires m'agacent. Et surtout, je ne vois pas en quoi ma position par rapport au nucléaire présente un intérêt pour un article sur le futur mix énergétique nippon que je dois écrire pour *Libération*. Mais apparemment, mon cas est suspect. Nobuhiro Komoto a mené sa petite enquête. «*Libération* est un journal proche de l'extrême gauche, non?» me glisse-t-il avec l'air satisfait de celui qui a déjà la réponse. Intérieurement, je glousse. Les petites fiches du fonctionnaire du Meti ont un léger parfum de naphtaline, elles sont exhumées d'un passé que ni lui ni moi n'avons connu. Après une succincte présentation de la presse quotidienne nationale et du positionnement idéologique des principaux titres en France, je recentre le sujet sur l'énergie et le fait que mon journal abrite probablement un peu plus d'antinucléaires que de pro-atome, à côté d'une brochette d'indifférents et d'insouciants, qui sont toutefois moins nombreux depuis Fukushima. Nobuhiro Komoto opine sans ciller. En repensant à cette scène, je regrette de n'avoir pas eu la présence d'esprit de lui demander alors si ses réponses allaient changer en fonction de ma position par rapport à l'énergie nucléaire. Manque de repartie, hélas.

L'improvisation n'est pas une notion nippone. Je sais qu'au Japon, l'interlocuteur aime savoir à qui il parle pour ne pas être pris au dépourvu, ne pas commettre d'impair. Donc on s'informe, on jauge, on prend la température. Je m'y suis habitué et j'y trouve même parfois des avantages. Mais cette fois, il s'agit bien d'autre chose, comme je ne vais pas tarder à m'en rendre compte. Sans ambiguïté, le fonctionnaire du Meti veut dérouler le credo nucléaire au moment où le Premier ministre Shinzo Abe revient en force à la tête du gouvernement avec des orientations pro-atome clairement affichées depuis sa campagne des législatives à l'automne 2012. A la tête du Parti libéral-démocrate (PLD), il a pris le contre-pied du programme du Parti démocrate du Japon (PDJ) qui avait appelé, non sans couacs et polémiques, à une « société sans nucléaire dans les années 2030 ».

Dans son costume-uniforme sombre et cravaté, Nobuhiro Komoto est en mission. Il insiste pour dire que le PLD d'Abe « a su prendre en compte toutes les dimensions de cette question cruciale de la sécurité énergétique à la différence du PDJ qui se focalisait uniquement sur les sentiments de la population. Avec seulement deux centrales en fonctionnement (début 2013), le Japon doit importer du gaz, du fuel, du pétrole pour 30 milliards de dollars par an. L'impact sur le budget de l'Etat est considérable ». Bien sûr, les deux fonctionnaires rappellent le primat de la sécurité des installations nucléaires deux ans après la catastrophe de Fukushima. «Cette sécurité est essentielle pour persuader les populations et les autorités locales de la nécessité de redémarrer les centrales.» Ils espèrent que l'Autorité de régulation du nucléaire (ARN), le nouveau gendarme du secteur, «fera de son mieux pour respecter la promesse de campagne du PLD de relancer les réacteurs dans les trois ans». Est-ce une discrète pression? Bien sûr, l'ARN est seule habilitée à statuer sur la sécurité des installations, assure Nobuhiro Komoto. Il évoque la nécessité de prendre du temps pour le redémarrage mais aussi pour bâtir de nouvelles centrales. Le discours semble rodé et équilibré. Ce cadre du Meti parle comme s'il avançait de deux pas avant de reculer d'un. Par petites touches et avec toutes les prudences requises, il distille son couplet sur l'inévitable réactivation du parc nucléaire et sur le credo de la sécurité dorénavant érigée en règle cardinale. Manière de dire que le Japon a appris de Fukushima et que cette expérience peut même servir d'enseignement à méditer. C'est subtil, chiffré et argumenté. C'est la voix du Meti, cet empire bureaucratique et administratif qui, historiquement, a toujours eu la haute main sur les destinées industrielles et économiques du pays en nouant des partenariats avec les conglomérats, les *keiretsu* du Japon. Le Meti, avec les agences gouvernementales et le secrétariat du Premier ministre, sont des piliers du village nucléaire qui donnent l'impression de s'intéresser d'abord à la santé de l'économie avant d'envisager celle de la population. A peine a-t-on commémoré le deuxième anniversaire du 11 mars 2011 que déjà la page semble tournée. Les deux fonctionnaires citent en exemple le cas de la France avec ses 58 réacteurs et son indépendance énergétique garantie par l'atome. Finalement, on parle peu du futur mix énergétique du pays qui sera en discussion pendant près de trente mois après ce rendez-vous.

La petite heure qui m'était impartie s'est achevée. En m'excusant pour mon rhume qui me contraint à tenir un mouchoir à la main (il est mal vu de se moucher en public au Japon), je prends congé de mon couple. Retour à l'ascenseur via le long corridor sombre. Je rends mon badge visiteur, franchis un portique de sécurité et retrouve la brise glacée de février. A l'angle de l'avenue Atago, une petite tente couverte de calicots antinucléaires, alimentée par un groupe électrogène de poche. Ce matin, une poignée de militants sont présents. Ils sont inaudibles et invisibles. Au pied de la forteresse de verre et de béton du Meti, leur campement de plastique et de toile a des allures de bivouac pour migrants égarés sur une île bureaucratique. Il détonne dans Kaminoseki, le Tokyo chic et policé des ministères japonais où tout est ordonné et surveillé.

Ce quartier est le cœur du pouvoir japonais. Les ministères régaliens, le palais impérial, la Diète, le siège du Parti libéral-démocrate s'y côtoient et occupent de larges espaces bordés de parcs, d'avenues arborées aux trottoirs soignés. Ils sont proches de Tokyo Electric Power Company qui se trouve à 700 mètres du Meti, aux abords de la station de métro Shimbashi. La relation de voisinage en dit long sur le copinage entre groupes industriels, politiques et hauts fonctionnaires, ce «triangle d'argent» si souvent évoqué pour qualifier notamment le village nucléaire. Il est aisé de localiser le quartier général de Tepco. Le haut bâtiment gris de la première compagnie électrique du pays en charge de Fukushima-daiichi est surmonté d'une immense antenne totem rouge et orange qui a des allures de banderille. L'image est trompeuse. Nationalisé depuis 2011, après avoir annoncé une perte de 11 milliards d'euros, le taureau Tepco n'est ni mort ni moribond. Ses abords sont mieux gardés que l'entrée d'une banque. Moteur allumé, un camion de policiers aux vitres grillagées et aux portes renforcées est toujours en alerte devant le trottoir. Avant d'être dirigé vers l'accueil, il faut montrer patte blanche aux vigiles. Les plus zélés demandent à jeter un coup d'œil aux sacs et affaires personnelles. Après la catastrophe, des habitants proches de la centrale, des actionnaires et des militants antinucléaires sont venus manifester sous les fenêtres de Tepco pour vilipender sa gestion de la crise et ses mensonges et omissions à répétition. Les services de sécurité ont, depuis, pris les devants et surveillent les environs.

La première fois, le rendez-vous a lieu dans le vaste hall tout en verre et pierre du rez-de-chaussée. Et c'est assez catastrophique. Derrière des paravents, ce ne sont pas moins de quatre personnes du service communication qui débarquent avec leurs fiches, dossiers et schémas chiffrés autour d'une table en long. Ils sont tous face à moi. Si je ne posais pas les questions, j'aurais l'impression d'être au tribunal ou à un grand oral. Les explications partent dans tous les sens. Quand l'un avance une information tangible, un deuxième vient l'amender. Quand l'une entame un début de commencement d'une très prudente analyse sur les délais des travaux ou le retard d'un chantier, un quatrième rétro-pédale à toute vitesse pour préciser qu'«elle ne voulait pas dire exactement ça». On est au Japon, ce n'est donc pas une foire d'empoigne. Mais la recherche de données fiables est ardue et vire à la partie de bonneteau. Heureusement, les mois passant, cette cacophonie tendra à disparaître. L'ingénieur en charge des équipements nucléaires, Teruaki Kobayashi, est dorénavant présent pour répondre aux questions, sans jamais se départir d'un calme inébranlable, malgré des questions insistantes et répétées, et avec le souci rigoriste de l'exactitude. Au fil des rendez-vous, la manière qu'il a de soulever le cadran de sa montre me fera comprendre qu'il est temps de conclure l'entretien. A ce moment-là, avec ce geste explicite, n'est-il pas en train de bouillir intérieurement? Généralement, je fais mine de ne rien voir.

Teruaki Kobayashi arrive systématiquement avec sous le bras un gros dossier truffé de Post-it de couleur, de pages surlignées et de plans de Fukushima annotés et constellés d'étoiles, de ronds, de triangles et de diagrammes insaisissables au premier coup d'œil. Tout cela relève à la fois du jeu vidéo, du tableau pointilliste ou d'une œuvre improbable qui fusionnerait les abstractions chromatiques de Piet Mondrian avec les arabesques touffues de Jackson Pollock. Fukushima permet toutes les élucubrations. Kobayashi se retrouve dans cette forêt

fourmillante de données. Il semble parfois y être seul
tant Mayumi Yoshida, qui l'assiste plutôt efficacement,
peine elle-même à se repérer dans ce maquis cabalis-
tique. Tepco ne déteste pas abreuver ses interlocuteurs
de quantités d'informations, de chiffres et de précisions
qui déroutent et font perdre parfois le sens des priorités.
Est-ce délibéré ? En tout cas, ce parti pris est critiqué par
les experts mêmes du secteur. « Pour éviter d'être accusée
de cacher des choses, Tepco fournit des tas de données
et cela entraîne beaucoup d'incompréhension, d'erreurs,
de quiproquos, s'est agacé Shunichi Tanaka, le patron de
l'Autorité de régulation du nucléaire, en critiquant sans
détour la communication désastreuse de l'opérateur de
Fukushima-daiichi. Tepco devrait non seulement dire
ce que la compagnie sait, mais aussi ce qu'elle ignore. »
Deux mois plus tard, Tatsuya Shinkawa, le très affairé
directeur du bureau en charge de l'accident nucléaire au
Meti, entonne le même refrain. « En tant qu'opérateur
qui a causé l'accident, Tepco a l'obligation morale et professionnelle de contrôler la situation. Mais ses dirigeants
ne prennent pas les mesures appropriées ou bien ils sont
toujours en retard dans la prise de décision. C'est pourquoi le gouvernement a besoin d'être aux avant-postes. »

La catastrophe de Fukushima a réveillé de vieilles
craintes que l'on avait ensevelies au nom du sacro-saint
mythe de la sécurité. Surtout, elle a rappelé que Tepco
était loin d'être exempte de critiques au vu de son passif
documenté d'omissions, de dissimulations, de graves

violations des règles de sécurité depuis les années 70. L'ampleur des falsifications de données sur les travaux de maintenance et de réparation a été découverte en août 2002, après les révélations d'un lanceur d'alerte. Ce dernier a informé le Meti, qui a contacté Tepco, qui a choisi de mettre un couvercle sur ces révélations. Une fois n'est pas coutume, les pratiques de la compagnie électrique sont heureusement sorties dans la presse. On a ainsi appris que 29 inspections de sécurité sur 13 des 17 unités gérées par Tepco (Fukushima-daiichi et daini, Kashiwazaki-Kariwa) avaient été falsifiées depuis 1977 pour cacher des fissures et des défauts de conception dans les réacteurs. L'Agence de sûreté nucléaire et industrielle d'alors (Nisa) a aussitôt ordonné l'arrêt puis la vérification de tous les réacteurs de la compagnie électrique, avant d'autoriser un à un leur redémarrage. *Bis repetita* en 2007. Cette année-là, au terme d'une enquête interne, Tepco déclare que de nombreux incidents dans ses sites n'ont pas été portés à la connaissance des autorités. Encore une fois, le gouvernement et le Parti libéral-démocrate s'offusquent et condamnent. Encore une fois, Tepco se livre à force courbettes et s'excuse du « fond de [son] cœur pour avoir suscité de l'inquiétude auprès des populations locales » vivant près des centrales incriminées. Encore une fois, la machine poursuit sa route.

Enième élément supplémentaire pour attester du laxisme de Tepco : la digue marine devant la centrale de Fukushima. En juin 2015, l'opérateur a rendu public un document de 2008 envisageant des mesures «indispensables» pour affronter un tsunami. Cette année-là, le gouvernement japonais avance que le scénario d'une vague de 15,7 mètres frappant les installations 1F est crédible au vu des puissants tsunamis qui ont ravagé la côte du Tohoku dans le passé. Le document affirme qu'il est «difficile de nier complètement» les résultats du gouvernement sur un éventuel tremblement de terre et le tsunami qui s'ensuivrait. Tepco n'a «pas d'autre choix» que d'élever la hauteur maximale dans ses estimations pour le tsunami. Et puis? Rien. Tepco a demandé de ne pas divulguer la teneur des discussions et du mémo. Rien n'a été entrepris. Le 11 mars 2011, la vague qui a frappé Fukushima-daiichi culminait à 15 mètres. Tergiversations et renoncements semblent expliquer pourquoi le principe de précaution est une coquille vide au Japon.

Créée en 1951 et devenue cinquante ans plus tard l'un des géants électriques de la planète, Tepco est-il le seul mouton noir de l'industrie nucléaire nippone? L'agence Bloomberg révélait en 2007 que 7 compagnies électriques avaient procédé à des manipulations de données depuis une trentaine d'années. Ces comportements et ces errements à répétition appartiennent-ils au passé? Dur à dire car seuls 2 réacteurs nippons ont redémarré en novembre 2015. En tout cas, certains réflexes ont la vie dure chez Tepco. La divulgation d'informations sur les massives fuites d'eaux contaminées à la centrale de Fukushima-daiichi, sur des rejets dans l'environnement ont parfois pris de longs mois et cela, sans aucune raison.

Politique de l'autruche et crainte du scandale probablement. Ces états de service et cette culture d'entreprise qui alimentent une méfiance et une suspicion ne sont pas fameux. Ils sont fréquemment évoqués par la presse, les organisations environnementalistes et les antinucléaires. Je ne pensais pas les retrouver dans la bouche d'un des grands barons du village nucléaire qui, toute sa vie, a vendu l'usage de l'atome pacifique comme on célèbre la prospérité et l'indépendance énergétique, synonymes de bonheur partagé. Entre 2010 et 2012, Madarame Haruki a été le président de la Commission de sûreté nucléaire nippone chargée de conseiller le Premier ministre notamment. Devant les députés de la commission d'enquête parlementaire en février 2012, cet ingénieur spécialisé dans le nucléaire a mis en lumière le laxisme et les pratiques peu scrupuleuses en vigueur dans les centrales nippones. « La racine du problème réside dans le fait que lorsque d'autres pays amélioraient les normes de sécurité, le Japon a perdu du temps en s'excusant et en expliquant pourquoi nous ne devions pas en faire de même. » Ce que raconte Madarame Haruki et que détaillera le précieux rapport d'enquête sur l'accident nucléaire est la croyance aveugle dans les capacités et les prouesses techniques d'un pays où les risques sismiques auraient dû appeler à une extrême vigilance, sinon une prudence redoublée dans le maniement industriel de l'atome. Le scénario d'une centrale sans alimentation électrique à la suite d'une catastrophe naturelle n'a pas été pris en compte, au motif que le réseau électrique était fiable, tellement plus que dans d'autres pays, précise en substance Madarame Haruki. Et pourtant, Fukushima-daiichi a connu un black-out le 11 mars 2011 et les réacteurs sont devenus incontrôlables.

Non sans autocritique et d'une manière surprenante, le patron de la Commission de sûreté nucléaire renverse la table devant les députés japonais. Il évoque la longue culture de complaisance au sein de sa propre structure. Elle a été l'une des caractéristiques sinon le moteur du *genshimura*, le village nucléaire nippon, dans son ensemble. Je découvre l'expression en arrivant au Japon. Curieusement, elle n'est pas reprise en France. Elle est employée ici par les militants antinucléaires, les experts indépendants en énergie, les politologues qui scrutent la collusion historique entre politiques, industriels et haute administration depuis le vote de la «loi basique sur l'énergie atomique» en décembre 1955. A partir de cette époque, le village nucléaire s'est affairé à bâtir le mythe de la sécurité et de l'usage pacifique de l'atome depuis la cellule villageoise jusqu'au sommet de l'Etat. Il a ciblé les communes susceptibles d'accueillir les centrales nucléaires, arrosé de subventions celles qui acceptaient, séduisant les indécis et neutralisant les ennemis. Puis, il a décrété chaque 26 octobre «journée du nucléaire» et créé des slogans. La pancarte accrochée à l'entrée de Futaba, qui héberge Fukushima-daiichi, me revient en mémoire : «L'énergie nucléaire nous assure un avenir radieux.» Aujourd'hui très contaminée, Futaba est une ville morte pour des décennies. Dans les années 60-80, des expositions vantant tous les bienfaits du nucléaire sillonnent les places, les halls et les bibliothèques de l'Archipel.

Michiko, une amie de Hiroshima, se souvient, enfant, être allée en visite scolaire voir les panneaux célébrant l'usage pacifique de l'atome. Où les organisateurs avaient-il installé l'exposition ? Sur l'esplanade du Mémorial de la paix, à un jet de pierre de l'hypocentre où explosa la bombe atomique le 6 août 1945. Aujourd'hui, dans un silence consterné, Michiko montre du plat de la main les pelouses et la place entourant le cénotaphe érigé à la mémoire des victimes de la bombe A. Qu'est-ce qui pouvait bien animer les instigateurs du nucléaire civil pour concevoir une telle opération de promotion dans ce lieu ? Effacer les traces du souvenir et les marques de la douleur ? Vendre une image positive et réconciliatrice de l'atome ? Rétrospectivement, on ne peut leur dénier une certaine naïveté insouciante et cette foi, cette joie, des convertis de fraîche date, convaincus du bien-fondé de leurs actions. Mais je peine à croire qu'ils aient monté cette exposition sans penser au choc des symboles. Tout cela n'est évidemment plus de mise. Un autre rapport s'est instauré. Désormais, comme l'a justement écrit l'écrivain Philippe Forest, se « manifeste la continuité logique qui conduit, comme le veut une rime sinistre, de Hiroshima à Fukushima et qui accorde ainsi au Japon le triste privilège d'avoir été le théâtre principal de cette forme de folie avec laquelle les hommes ont déchaîné d'eux-mêmes les forces de leur propre destruction ».

Les *hibakusha* que je rencontre en juillet 2015, quelques jours avant le 70ᵉ anniversaire du bombardement du 6 août, évoquent tous cette « continuité logique », ce legs impensable, ce condensé d'une histoire à la fois absurde et lancinante. Pas besoin de les solliciter, ils le font d'eux-mêmes. Certains se rendent dans le Tohoku pour aller voir des déplacés de l'atome, se raconter et écouter à leur tour.

Bien sûr, au sein du *genshimura*, cette « continuité logique » est jugée inepte, incongrue, incohérente. Pour les avocats de l'atome, il y a une frontière étanche. D'un côté, un acte de guerre, de l'autre un accident industriel. Le retour au nucléaire est recommandé et programmé. Le lobby du nucléaire, qui en « tire de très grands bénéfices économiques, exerce une puissante influence sur les personnalités politiques, les journalistes, les universitaires. Il mène des campagnes massives prônant la nécessité du nucléaire et continue de le faire ». Qui parle ? Un militant antinucléaire de premier plan : Naoto Kan, ex-Premier ministre du Japon. Devant la caméra de Jean-Paul Jaud, qui l'a interviewé pour son film, *Libres !*, il revisite Fukushima. Chef du gouvernement en 2011, il a dû gérer la triple catastrophe et s'est préparé au pire lors de la crise de la mi-mars. Redoutant de perdre le contrôle de la centrale, il a songé à évacuer toute la région de Tokyo avec ses 35 millions d'habitants. Membre du Parti démocrate du Japon (centre-gauche), Kan est devenu un opposant de premier plan au nucléaire. Il a tourné casaque. Tout comme le tonitruant Junichiro Koizumi, lui aussi chef du gouvernement entre 2001 et 2006, mais représentant du Parti libéral-démocrate. Jadis personnages de poids, piliers du village nucléaire japonais, ces leaders font campagne pour un arrêt définitif des centrales. Mais si leurs voix sont entendues, elles ne portent plus.

Le *genshimura* ne les considère plus. Shinzo Abe et le Parti libéral-démocrate ont à cœur de relancer les centrales et le complexe nucléaro-industriel. Pour y parvenir, ils ont donné des gages de réforme après Fukushima. Ils n'avaient pas vraiment le choix. Accusée à raison de collusion avec le Meti, son ministère de tutelle, la funeste Agence de sureté nucléaire et industrielle (Nisa) a été démantelée en même temps que la déplorable Commission de sûreté nucléaire, tout autant soumise au *genshimura*, pas moins négligente et professant une similaire croyance aveugle dans le mythe de la sécurité. L'Autorité de régulation du nucléaire (ARN) a pris le relais en septembre 2012. Soucieuse d'apparaître indépendante et de tourner la page de décennies où les régulateurs régulaient en fonction des intérêts des régulés, l'ARN entend faire « croître une culture de la sécurité », selon les mots de son président Shunichi Tanaka. Le nouveau gendarme du nucléaire a édicté d'inédites règles de sécurité, immédiatement présentées comme « les plus strictes au monde ». Les anciens réflexes ont la vie dure. Au sein même de l'ARN, la formulation a suscité des doutes. Naoto Kan l'a raillée : « Aucune preuve n'a été apportée. C'est juste une tautologie de dire que les standards sont les plus stricts au monde parce qu'ils sont les plus stricts au monde. »

Les techniciens inspectent scrupuleusement les réacteurs candidats au redémarrage et semblent avoir à cœur d'agir à leur rythme et selon leurs critères. Mais certains experts pointent des faiblesses dans la nouvelle agence. « La majorité de son personnel vient de la défunte Nisa, de ministères ou d'agences gouvernementales, bref de l'ancien système qui n'a pas su éviter Fukushima, explique Paul J. Scalise, économiste spécialisé en énergie. Sur ses 490 membres, seuls 30 sont de nouveaux employés. » Un constat partagé par Tetsunari Iida, de l'Institut pour les politiques des énergies durables : « Tous les enseignements de la crise sont loin d'avoir été tirés. » Il ne croit pas à « l'efficacité des nouveaux standards en cas de réel accident. La culture de l'optimisme, le refus d'entendre toute critique ou questionnement sont encore très forts au sein du village nucléaire japonais qui, tôt ou tard, fera pression sur l'ARN ». Le remplacement en 2014 d'un expert jugé indépendant par un membre étiqueté pro-nucléaire a inquiété sur la réelle autonomie du gendarme.

Il n'empêche. L'ARN martèle son credo sans fin. « Nous ne voulons pas que les normes soient respectées *a minima*, nous espérons au contraire que les exploitants vont aller plus loin avec la volonté de garantir la meilleure sûreté », expliquait Tanaka en 2013. A plusieurs reprises, l'agence a demandé à des opérateurs de revoir leur copie de mise aux normes s'ils souhaitaient obtenir un feu vert. Elle joue sa crédibilité et le *genshimura* son va-tout sur le terrain de la sûreté. Pour un Japon en crise latente, le nucléaire peut être une planche de salut. En Premier ministre VRP et globe-trotter pressé au service d'un Archipel en quête de croissance, Shinzo Abe fait feu de tout bois pour relancer la machine économique et faire admettre que le nucléaire n'est pas moribond. Depuis son retour au Kantei, le Matignon japonais, il a sillonné la planète pour vendre le nucléaire nippon. En 2013, devant le Groupe de Visegrad (Hongrie, Pologne, République tchèque, Slovaquie), il a défendu le savoir-faire de son pays en développant l'idée que la crise de Fukushima était riche d'enseignements et renforcerait l'expertise du Japon en la matière. Avec une maîtrise réelle du paradoxe, il tente de retourner une terrible crise en profitable avantage. Abe a mouillé sa chemise pour parvenir à un accord entre le groupe français Areva et le consortium Mitsubishi Heavy Industries qui vont fournir à la Turquie sa deuxième centrale nucléaire d'une puissance de 5 000 mégawatts. Les travaux démarreront à Sinop (nord de la Turquie) en 2017. Les Japonais et les Français pourraient également essaimer en Argentine, au Vietnam via ATMEA, leur co-entreprise fondée en 2007.

Dans le même temps, le village nucléaire japonais cherche à dédramatiser Fukushima. Il sait qu'il manœuvre en courant contraire, face à une opinion publique majoritairement opposée à la relance des réacteurs. Mais le Japon est une curieuse démocratie. Depuis Fukushima, les électeurs ont eu l'occasion à trois reprises d'exprimer un point de vue sur la question lors des scrutins législatifs et sénatoriaux. C'est le Parti libéral-démocrate, ouvertement pro-nucléaire, qui a raflé la mise à chaque fois et dans des proportions sans équivoque. Cela ne manque pas d'étonner. Certes, une élection ne se joue pas seulement sur un référendum autour de l'atome civil. Mais pourquoi ce pays qui a subi le feu nucléaire en 1945 et le poison radioactif depuis 2011 reconduit-il, sans débattre, ceux qui, de tout temps, frayent aveuglément avec l'atome ? En septembre 2015, Junichiro Koizumi a repris sa croisade anti-atome lors d'une interview au quotidien *Asahi Shimbun*. « Un jour viendra où les questions d'énergie deviendront des thèmes phares lors des élections. Les candidats seront jugés par rapport à leur positionnement sur le nucléaire », assure l'ancien Premier ministre. « Le nucléaire et la démocratie sont-ils conciliables ? » interroge le journaliste Hervé Kempf dans *Libres !*, le film de Jean-Paul Jaud. Bien sûr, cette question très ouverte ne se limite pas au Japon.

Aujourd'hui, on ramène le démantèlement et la reconstruction à un problème technique où la dimension humaine est souvent évacuée. Car la technique triomphe de tout au Japon, c'est bien connu. Elle permet de dresser des listes, d'établir un calendrier des travaux qui relève parfois de la méthode Coué ou de l'expertise au doigt mouillé tant les incertitudes sont grandes et les inconnues encore nombreuses. Mais qu'importe, face aux niveaux de radiation mortelle au cœur des réacteurs, les robots sont déployés pour enquêter sur l'état des combustibles et des enceintes de confinement. Face aux chantiers colossaux à la centrale pour sécuriser le site et stabiliser les installations, un appel à l'ensemble des corps de métier été lancé. Toute l'entreprise Japon a répondu présent et s'est lancée dans une mission sauvetage comme un seul homme. Les sociétés de construction ont su profiter de l'aubaine pour élargir leur palette d'activités et s'assurer du travail pour des décennies. Shimizu est l'une d'elles. Elle emploie 300 personnes qui gèrent plus de 3 500 personnes pour construire des réservoirs pour l'eau radioactive à la centrale et pour décontaminer à tout-va dans un rayon de 30 kilomètres autour de la centrale. «Ce n'est pas toujours facile de savoir quoi faire avec précision», reconnaît Masahiko Matsuzaki derrière son collier de barbe. Cet homme rond et jovial au crâne rasé dirige le bureau de Shimizu à Hirono. Il sait comment construire des ponts, des tunnels, couper une montagne, bâtir sur la mer comme pour Tokyo Disney, mais pour des missions en zone contaminée, «on apprend tous les jours», reconnaît-il. Certes, il se plaint du manque de main-d'œuvre et d'expertise pour ces travaux, mais il professe un optimisme à tout crin et une confiance absolue en l'avenir. Dans son local de réception niché dans un immeuble poussiéreux de Hirono, il fait tourner le chauffage à plein régime. Il détaille ses opérations, évalue la gestion à venir des tonnes de déchets, dit faire attention à ses hommes, et on veut bien le croire tant ce cadre est franc et direct. Passé une heure d'échange, il m'invite à déjeuner à l'*izakaya* de poche qui jouxte son bureau. Soba, sashimis, bière, Masahiko Matsuzaki s'affiche en bon vivant qui aime raconter son périple au Moulin-Rouge à Paris et sa passion pour les chansons françaises des années 70. Volubile, il sort de son cartable une brochure et des photos. Il est fier de nous présenter une trouvaille de Shimizu, un aspirateur à radionucléides qui ressemble à une invention de Géo Trouvetout. Après avoir ramassé feuilles, branches, poussières de sous-bois, il passe sa cargaison à l'aspirateur qui « ramasse les radiations ». Comme le reconnaît Matsuzaki le pragmatique, « tout n'est pas résolu avec ce système, mais ça aide à faire baisser les niveaux de radiation. Bien sûr, il faudra le faire et le refaire souvent, surtout quand il pleut ». Les radioéléments bougent au hasard des écoulements et des fuites d'eau. « Maintenant, ce sont les sociétés extérieures qui le font. Après, ce sera au tour des entreprises locales puis enfin des habitants. » Un travail de Sisyphe.

Quand on recroise Matsuzaki quelques mois plus tard, c'est un homme joyeux qui nous accueille. Il vient de recevoir sa prochaine affectation : Tokyo, pour bâtir les installations des Jeux olympiques de 2020. Il quitte le Tohoku, la centrale de Fukushima-daiichi et son petit bureau exigu de Hirono, glacial l'hiver, étouffant l'été. Fukushima, c'était hier. Tokyo, c'est demain. Une page se tourne.

Épilogue

Puis la machine est repartie. Après presque deux ans sans production d'électricité d'origine nucléaire, le Japon a redémarré son premier réacteur à Sendai, dans le sud du Japon. Kyushu Electric Power l'a relancé le 11 août 2015. L'unité mise en service en 1984 avait passé tous les tests de sécurité et de résistance édictés par l'Autorité de régulation du nucléaire. Cela ne l'a pas empêchée d'être stoppée le 21 août à la suite d'un problème de pompe au niveau du système de refroidissement. Ce n'est que le 10 septembre que Sendai 1 est passé en phase commerciale, en attendant que Sendai 2 soit opérationnel courant octobre. Quatre jours plus tard, les autorités japonaises ne se sont pas inquiétées de l'entrée en éruption du mont Aso, le volcan situé à 160 kilomètres de là. Le Premier ministre Shinzo Abe a remporté une victoire symbolique dans son long combat pour le retour à la case nucléaire.

*

La normalisation est en marche. Le soleil brille à Naraha, le 5 septembre 2015. Le village est officiellement redevenu habitable depuis minuit selon la volonté gouvernementale. Situé à 19 kilomètres au sud de Fukushima-daiichi, Naraha et ses 7 300 habitants ont été évacués le 12 mars 2011 alors que le contrôle de la centrale échappait à Tepco. Il fait partie des 7 municipalités où l'Etat a ordonné une évacuation générale. Pendant quatre ans, Naraha a été un village interdit autour des réacteurs ravagés. Les résidents n'y revenaient qu'en journée et pour quelques heures. C'est un village vide et sans vie que Ryusuke et moi avons arpenté en février 2014. Quelques ouvriers décontaminaient à tout-va. La mairie n'était qu'un carrefour poussiéreux de courants d'air glacés. Un navire échoué dans le silence et la neige. Deux employés de Tepco et deux fonctionnaires municipaux accueillaient les candidats au retour. Cet après-midi-là, un seul a poussé la porte battante du hall où rougeoyait un poêle. Il a remis une enveloppe à l'accueil et a tourné les talons sans perdre de temps. « On ne voit jamais beaucoup de monde, remarque Shigeto Matsumoto, chef du service décontamination à la mairie. Les gens ne veulent pas revenir. Ils n'ont pas envie. Ça fait déjà trois ans qu'ils sont partis. Ils ne peuvent pas croire le ministère de l'Environnement quand il avance que la radioactivité va descendre à 0,3 microsievert par heure. Ce n'est pas facile de les convaincre, de redémarrer la ville, mais on ne peut pas laisser tomber, non ? » Ce quadragénaire à l'air résigné tente de faire contre mauvaise fortune bon cœur. Mais Shigeto Matsumoto n'est pas le meilleur prosélyte du retour à Naraha. Dans le hall où résonne sa voix, il égrène les « si » d'un hypothétique retour qui, au gré de l'énumération, vire à la mission impossible : « Si on récupère notre vie d'avant ; si les habitants, nos amis, les copains d'école de nos enfants reviennent ; si on peut cultiver sans inquiétude, ça peut repartir. » Cela fait beaucoup de « si ». Shigeto Matsumoto lui-même n'y croit pas. Ce père de famille dit « comprendre les familles et les jeunes qui rechignent à revenir ». Avant d'admettre, avec une expression dépitée, que lui-même ne reviendra pas vivre dans son village natal avec sa femme et ses enfants de 13 et 9 ans si la mairie donne son feu vert. A l'été 2015, le maire de Naraha, Yukiei Matsumoto, n'a pas caché la réalité en s'adressant à ses administrés : « On ne peut pas dire bien entendu que la sûreté soit totalement rétablie et il est clair qu'il reste une montagne de problèmes à surmonter. »

Mais l'élu peut se féliciter d'avoir sauvé sa ville. Car Naraha revient de très loin. L'Etat avait décidé en 2013 que la commune, avec les voisines d'Okuma et Futaba, accueillerait l'équivalent de 28 millions de mètres cubes de déchets radioactifs sur des sites longue durée. Autrement dit, Tokyo annonçait la mort pour ces villages ruraux à la population déclinante. Yukiei Matsumoto a défendu sa cause ardemment, faisant valoir que Naraha avait été moins contaminé que les deux autres communes et ne méritait pas le même sort. Le gouvernement japonais a finalement retiré le gros bourg de la *short list* des sacrifiés de l'atome. Les autorités avancent que le niveau moyen d'exposition aux radiations est inférieur à 20 millisieverts par an. Autrement dit, les taux réservés d'habitude aux ouvriers du nucléaire sont désormais appliqués aux populations. Et ça ne suscite guère plus de débat. C'est pourtant très loin de l'exposition annuelle de 1 millisievert recommandée par la Commission internationale de protection radiologique, objectif que le Japon s'est fixé à long terme dans la région de Fukushima. Seules 780 personnes sont revenues vivre à Naraha, soit un peu plus de 10 % de la population.

*

Pendant ce temps, Tepco continue à indemniser les victimes du désastre. Fin juillet 2015, la compagnie électrique, dont l'Etat est l'actionnaire majoritaire, a reçu un nouveau versement du gouvernement japonais : 950 milliards de yens (7,05 milliards d'euros). C'est la neuvième fois que Tokyo débourse cette indemnité de compensation dont le total s'élevait en septembre 2015 à 6 886 milliards de yens (51,1 milliards d'euros). Tepco est censée rembourser ces sommes ultérieurement. Mais la compagnie électrique doit également payer plusieurs dizaines de milliards d'euros pour ses travaux sur le mur de glace, le stockage et la décontamination de l'eau, l'entreposage des déchets, le démantèlement de Fukushima-daiichi, etc. Elle va devoir s'attaquer à des tâches compliquées en retirant les 1 573 barres de combustible rangées dans les piscines des réacteurs 1, 2 et 3. Après, commencera un travail bien plus périlleux avec l'extraction du combustible fondu des réacteurs. Tepco ne sait pas aujourd'hui comment elle va s'y prendre pour récupérer cette cargaison, quel est l'état de ces cœurs qu'il faut continuellement refroidir, où se trouve le corium extrêmement radioactif. Elle a annoncé un report de trois ans pour cette mission sans précédent qui ne démarrera pas avant 2021. La société devra composer avec l'imprévu qui fait partie de son quotidien depuis la catastrophe. Ainsi, fin octobre 2015, elle a mesuré un taux mortel de 9,4 sieverts par heure à l'extérieur de l'enceinte de confinement du réacteur 2. Sans en expliquer les causes. Quelques jours plus tard, elle a admis qu'à la suite du séisme, la centrale avait subi un affaissement inégal de ses fondations, avec des écarts d'une dizaine de centimètres de hauteur par endroits.

Ce n'est pas avec le bénéfice net de 1,5 milliard d'euros qu'elle a dégagé au premier trimestre 2015 qu'elle peut compter se relever vite. Elle préfère communiquer sur le redémarrage qu'elle souhaite rapide de l'une des sept tranches atomiques de la centrale de Kashiwasaki-Kariwa, l'une des plus puissantes au monde. Mais la compagnie doit affronter un discrédit généralisé qui ne se réglera pas dans les prochains mois. Trois de ses anciens dirigeants vont être poursuivis en justice pour leur responsabilité dans la catastrophe nucléaire.

★

Déluge à la mi-septembre 2015. Des pluies torrentielles et des inondations ont englouti plusieurs localités du Tohoku, dévastant des champs et des villages. Les flots ont emporté plus de 700 sacs noirs, ces énormes ballots remplis de terre et de débris végétaux radioactifs, à Nikko (préfecture de Tochigi) et Iitate (préfecture de Fuskuhima). Une petite partie de ces sacs ont été retrouvés, certains vidés de leur contenu. Le reste a disparu. Les autorités locales affirment que les taux de radiation de ces déchets ne sont pas élevés et qu'il n'y a pas lieu de s'inquiéter de l'impact sur l'environnement. Ces pluies ont également causé des fuites radioactives à la centrale de Fukushima, les pompes de drainage n'ayant pu absorber toutes les quantités d'eau ; des centaines de tonnes de liquide contaminé sont parties dans le Pacifique.

★

Quelques jours plus tard, Ryusuke a rappelé S. Shota. Je voulais être bien sûr des taux de radiation qu'il nous avait communiqués cet après-midi de septembre 2013 sur le parking du *konbini*. Il confirmait les informations données et nous remerciait de l'avoir écouté. Puis, dans la semaine qui a suivi, il s'est manifesté à son tour, inquiet d'être reconnu et identifié dans l'article que j'étais en train d'écrire pour *Libération*. Ryusuke l'a rassuré et apaisé. S. Shota était pressé mais il se disait prêt à nous revoir et ne fermait pas la porte à l'idée d'une rencontre avec son père, longtemps employé à Fukushima-daiichi lui aussi. Je voulais garder un lien, une relation avec ce jeune ouvrier de la centrale, originaire de Hirono, qui me raconterait son quotidien, celui de sa famille et de cette région reléguée. Je savais qu'il avait envie de parler pour détailler son expérience qui n'avait rien à voir avec celle d'un travailleur spécialisé dans le nucléaire, ni avec celle d'un militant. Plusieurs fois, je suis retourné à Iwaki, Hirono, Naraha, Tomioka et j'espérais le croiser. Souvent, Ryusuke envoyait un SMS quelques jours avant notre venue. Parfois, Shota y répondait. Un matin, il nous a appelés, expliquant qu'il avait trouvé du travail sur un chantier à Ibaraki, au sud de la préfecture de Fukushima. Sa femme et son garçon étaient toujours à Yokohama chez des proches. Lui enchaînait les missions et les petits boulots. On ne le verrait pas cette fois. Puis, Shota est devenu fuyant. Il ne répondait plus aux messages, ne prenait plus les appels. Il a finalement rappelé en juillet 2014. Nous étions à Namie avec un autre ouvrier de la centrale. Au téléphone, il s'est excusé pour ses silences et ses absences de réponse. Il était inquiet, tendu. Dans son entourage, disait-il, il y avait beaucoup de suspicion. Un ouvrier qui avait trop parlé, sans que l'on sache à qui, avait été licencié du jour au lendemain. Shota redoutait par-dessus tout qu'il lui arrive la même chose, lui qui disait « avoir vraiment besoin d'argent pour vivre ». L'a-t-on suffisamment rassuré cet après-midi-là ? Il n'a plus jamais répondu à nos messages et coups de fil. La peur l'a emporté. Shota s'est volatilisé. Le chemin s'arrête là.

Remerciements

A Rafaële et Olive pour avoir enduré absences et silences.

A Ryusuke Murata, précieux compagnon de voyage et patient interprète, qui a souvent délaissé les sables tahitiens pour les rivages du Tohoku.

A tous ceux dont je raconte le parcours dans ces pages, et qui ont bien voulu parler, parfois de manière anonyme, sans compter leur temps.

A Ikuro Anzai, David Boilley, Catherine Canayer, Nicolas Foray, Paul Jobin, Shun Kirishima, Hajime Matsukubo, Amya Miller, Mitsuo Nakamura, Takayuki Nakano, Naoko Oguruma, Corinne Quentin, Aya Soejima, Akiba Suminori, Yoshio Takano, Hiroyuki Watanabe, Motoaki Yamaguchi, Mayumi Yoshida pour leur aide précieuse et leurs conseils attentionnés.

A Francesca Bernardi pour son soutien et sa présence épistolaire, ainsi que Christophe Bataille pour son enthousiasme premier et sa confiance.

A *Libération*, où je travaille depuis seize ans et auquel je suis attaché. Que ce quotidien, où tant de choses sont possibles, et sa rédaction actuelle et passée soient remerciés pour la confiance qu'ils m'accordent et pour cette immersion au Japon en ayant vue sur l'Asie.

A François Bon, Michaël Ferrier, Elisabeth Filhol et Daniel de Roulet pour leurs récits et romans qui m'ont accompagné ces dernières années.

A Treize, plus présente et nourrissante dans ces pages qu'elle ne le croit. Elle a le dernier mot.

TABLE

Ce volume a été composé
par INOVCOM

Cet ouvrage a été imprimé par
CPI BUSSIÈRE
pour le compte des Éditions Grasset
en janvier 2016

Grasset s'engage pour
l'environnement en réduisant
l'empreinte carbone de ses livres.
Celle de cet exemplaire est de :
500 g éq. CO_2
Rendez-vous sur
www.grasset-durable.fr